LA VERDAD FINAL

Descubriendo las Ilusiones de tu Realidad

JUSTIN BOYNTON

Me gustaría expresar mi más sincero agradecimiento a Alejandra Ruiz por su dedicación extraordinaria a este libro. Ella fue la única persona encargada de trabajar en su versión en español, lo que implicó la traducción, edición de contenido, de copia, y de línea asi como la corrección de pruebas final, todo ello mientras llevaba a cabo un trabajo a tiempo completo. Que Dios la bendiga abundantemente por el trabajo increíble que ha aportado a este proyecto profundamente conmovedor.

Sinceramente,

Justin

Tabla de Contenidos

Resumen

En medio de la era digital, las redes sociales están repletas de innumerables voces que reclaman autoridad en las preguntas más significativas de la vida. Lo que se desarrolla es una confusión, una mezcla de creencias que luchan por el dominio. Desde la espiritualidad hasta la controversia de los psicodélicos, pasando por los misterios de Dios y la muerte, el panorama está lleno de opiniones diversas. Pero, ¿por qué la verdad parece tan escurridiza, sepultada bajo una avalancha de perspectivas?

Si alguna vez has cuestionado el caos, o simplemente el significado básico de la vida, este libro es tu salvavidas. Dentro de estas páginas, te espera un viaje profundo. Uno que no solo descubre la verdad oculta detrás de las preguntas importantes de la vida, sino que también te enseña cómo filtrar el ruido y discernir cuál es la verdad. Prepárate para embarcarte en una expedición transformadora, que requiere una mente y un corazón abiertos para abrazar las revelaciones que te esperan en su interior. A medida que se disipa la niebla de la incertidumbre, emerge la claridad, guiándote hacia una comprensión más profunda del mundo y tu lugar en él.

Introducción

La verdad. ¿Qué es?, ¿qué significa realmente? ¿Es tu verdad la misma que la mía?, ¿la verdad de un ateo es sinónimo de la de un cristiano?, ¿la verdad de un pesimista se alinea con la de un optimista?, ¿la verdad de un conservador refleja la de un liberal? De lo que una persona es consciente, otra permanecer inconsciente. ¿Y qué hay con la conciencia colectiva?, ¿la verdad reside en ella? ¿Qué verdad sostiene la espiritualidad?

Imagina que todo lo que consideras conocimiento, tu percepción de la realidad, fuera de hecho una falsedad. ¿Y si fuera una ilusión engañosa o una conveniencia cómoda a la que te aferras solo para mantener tu comprensión personal de este mundo? ¿Qué pasaría si un ateo descubriera la existencia de un poder superior?, ¿o si un cristiano se diera cuenta de la influencia de la oscuridad en sus pensamientos y acciones? ¿Y si un liberal viera que lo que creía como una verdad inquebrantable era en realidad, una simple cortina de humo?, ¿o si un conservador descubriera que sus convicciones habían sido sutilmente contaminadas por una agenda oculta?

A medida que te sumerjas en el contenido de este libro, es posible que encuentres resistencia, conflicto interno, el impulso de retirarte o incluso la absoluta incapacidad de aceptar ciertas verdades. Algunos se encontrarán desconcertados, tentados a cerrar abruptamente el libro y alejarse de su contenido. ¿Por qué sucede esto? una sola palabra contiene la respuesta: conciencia. Nuestra conciencia moldea nuestra capacidad para abrazar o descartar ideas. Por ejemplo, un ateo que discute la noción aparentemente absurda de una presencia divina con otro ateo encontrará comodidad y aceptación dentro de su conciencia compartida.

De manera similar, aquellos inmersos en prácticas espirituales participan en conversaciones con personas de ideas afines, discutiendo sobre guías espirituales, rituales sagrados y conexiones ancestrales. Ellos fundamentan sus conversaciones en el mismo nivel de conciencia, lo que facilita aceptar realidades personales con respecto a creencias y nociones compartidas.

Ahora, considera el concepto de una única verdad. Una verdad que permanece inalterable independientemente de las perspectivas individuales o las afiliaciones de diversos grupos. Esta verdad se mantiene firme en medio de la fluidez de las creencias, abarcando a Dios, a la espiritualidad, a los empáticos, los psicodélicos, la oscuridad y la muerte. Esta verdad es la piedra angular de las revelaciones que te esperan dentro de estas páginas. Bienvenido al desafío de mantenerte comprometido durante todo el viaje. Sin duda se volverá exigente, pero en esta lucha reside el potencial para una comprensión y crecimiento profundos. Lo que encuentres aquí cambiará tu realidad y la vida que vives hoy.

Comenzando Con La Comprensión

Debemos entender el concepto de conciencia para comprender lo que nos espera en este libro. Comencemos con los conceptos básicos antes de sumergirnos en la verdad de nuestra existencia. Cuando te encuentras con una verdad y sientes una fuerte resistencia surgiendo dentro de ti, es crucial entender su origen y razón. Esta comprensión es esencial para que continúes aprendiéndola. Veamos un par de definiciones rápidamente.

Conciencia: se refiere al estado de ser consciente de los propios pensamientos, sentimientos, sensaciones y entorno. Engloba la percepción y la comprensión tanto del entorno externo como de las experiencias mentales y emocionales internas. La conciencia permite a las personas realizar autorreflexión, tomar decisiones y experimentar fenómenos subjetivos, como emociones y pensamientos. Se considera un aspecto fundamental de la experiencia humana y está estrechamente relacionada con el sentido del yo y la identidad individual. La conciencia puede variar desde la conciencia cotidiana hasta los estados alterados de conciencia, como durante la meditación, los sueños u otras experiencias transformadoras.

Inconsciencia: se refiere a un estado de falta de conciencia o falta de entendimiento consciente. Significa la falta de reconocimiento o comprensión de información o conceptos. En este estado, la mente no está procesando ni interactuando activamente con pensamientos, ideas o estímulos externos, lo que resulta en una falta de conocimiento consciente o compromiso cognitivo.

Ahora que hemos aclarado las definiciones, por favor, busca una hoja de papel y un bolígrafo. Sí, ve y consíguelos; esperaremos. ¿Listo? Dibuja el círculo más grande posible en la hoja de papel. Imagina que dentro de ese círculo existe todo el conocimiento del universo. Esto abarca todo el conocimiento desde el inicio de la Tierra hasta el día de hoy. Incluye el conocimiento sobre el espacio, las estrellas, los planetas y todo lo que hay en la Tierra. Captura la totalidad de la historia y los descubrimientos de la humanidad. Todo lo que se conoce en el universo vive dentro de ese círculo.

Ahora, vas a dibujar un segundo círculo, pero antes de hacerlo, necesitas entender su representación. Dibujarás este segundo círculo dentro del primero. El segundo círculo simbolizará tu conocimiento personal del universo. Esto incluye todo lo que has aprendido sobre el espacio, los planetas y nuestra Tierra. Incluye el conocimiento que abarca desde el principio de los tiempos hasta el día de hoy. Además engloba todo aquello de lo que eres consciente y posees conocimiento. Adelante, dibuja tu círculo de conocimiento dentro del universo.

Si alguien dibujó más que un punto, la marca más pequeña que un bolígrafo o lápiz puede hacer, bueno, no juzgaré, pero podría haber algo de trabajo introspectivo en tu futuro. Independientemente de lo que hayas dibujado, es aceptable. El segundo círculo, tu círculo, representa lo que sabes y comprendes sobre el universo. El espacio entre el límite exterior de tu círculo y el primer círculo representa territorio inexplorado. Simboliza el ámbito de la inconsciencia.

A medida que avances en este libro, se desarrollará un proceso en el que dibujaremos círculos adicionales justo fuera de tu círculo inicial. El hecho de que estos círculos se conecten y tu esfera de conocimiento se expanda dependerá completamente de ti. ¿Abrazas la verdad tal como es o la rechazas? Puede que te lleve días, semanas o incluso meses comprender completamente la verdad. Para algunos, la comprensión completa puede no ocurrir hasta el umbral de la muerte.

Entre La Luz Y La Oscuridad: Mi Camino Hacia La Verdad

En la inocencia de la infancia, recibí a Dios en mi vida a una edad notablemente temprana, con apenas cinco años. Una mañana de domingo, mis padres me llevaron a una iglesia local. Cuando el pastor preguntó si alguien buscaba la presencia de Dios en su vida, yo expresé con entusiasmo mi deseo a mis padres. Incluso entonces, sentí una profunda conexión con Dios y anhelaba estar envuelto en Su presencia. A lo largo de mis años de adolescencia, ese vínculo se hizo más fuerte.

Mi devoción me llevó a un retiro de la iglesia en los años finales de mi adolescencia, donde fui uno de los líderes juveniles durante el fin de semana. Durante una noche conmovedora de canto, una sensación ardiente se encendió en mi pecho, una sensación desconocida pero innegable. En medio del canto, una voz me reveló: "él lucha con la pornografía". A pesar de estar rodeado de muchos jóvenes, reconocí de inmediato al sujeto del mensaje.

La vergüenza me mantuvo prisionero. Mencionar el tema de la pornografía con el joven en cuestión parecía impensable. A pesar del poder innegable que resonaba en mi pecho, la duda se apoderó de mí. ¿Y si malinterpreté el mensaje?, ¿y si mis palabras trajeran humillación tanto para el joven como para mí? Abrumado por la vergüenza, silencié el mensaje. En lo más profundo, comprendí la intención de Dios de guiar y ayudar al joven que luchaba con esto; sin embargo, no actué en consecuencia. Posteriormente, una culpa abrumadora se convirtió en mi compañera inquebrantable, persiguiéndome durante tres décadas. Una promesa se arraigó profundamente en mí: si se me concedía una segunda oportunidad, no volvería a fallar en transmitir el mensaje de Dios. Esta sería la última vez que recibiría un mensaje de Dios durante casi 30 años.

A lo largo de mi vida adulta, deambulé de un lugar a otro. Sin embargo, siempre llevé la conciencia de la presencia de Dios, participando esporádicamente en oraciones sinceras. El diálogo seguía permaneciendo unidireccional; yo expresaba mis pensamientos y sentimientos, mientras que Sus respuestas permanecían en silencio. Después de mi fracaso en transmitir Su mensaje a ese joven, la voz de Dios pareció retirarse al silencio.

A mis cuarenta y tantos años, me sentía cansado y agobiado por la vida. Lo cual se había convertido en una carga. Comencé a buscar respuestas, un escape del peso que llevaba. Me embarqué en un viaje con hongos psicodélicos. Esta aventura resultó ser transformadora. Estaba viviendo fuera de los Estados Unidos, y fue una experiencia increíble para mí. Vi rechazo, abandono, abuso, inseguridad, etc., y comencé a eliminarlo todo de mi cuerpo.

A medida que despejaba la oscuridad interior, me volvía cada vez más sensible a todo lo que me rodeaba. Esta nueva sensibilidad hacia otras personas me tenía perplejo, hasta que un amigo me propuso una etiqueta adecuada para definirlo: 'empático'. No sabía lo que significaba ser un "empático". Intrigado, decidí buscar este término y surgió una revelación sorprendente, todas mis experiencias de vida se alineaban perfectamente con la descripción de un empático.

Poco tiempo después de hacer este descubrimiento, una mujer llamó a mi puerta. Se presentó como Susan, una autoproclamada bruja que practicaba solo magia blanca. Susan explicó que la magia blanca se centraba en ayudar a las personas. Ella aprendió sus habilidades de alguien que había estado involucrado en la magia negra. Esta persona había ayudado a narcotraficantes durante años y ahora estaba lidiando con un tumor cerebral terminal a inicios de sus 50 años.

Susan sintió algo especial en mí. Mencionó la presencia de mi ángel guardián, describiéndolo como el más grande que jamás había encontrado. En su opinión, mi potencial superaba al suyo, y se ofreció a ser mi mentora para aprovechar este nuevo poder en ayudar a otros. Para mi asombro, reveló detalles privados sobre mi vida que nadie más podría haber conocido, validando sus habilidades. Su notable perspicacia se adentró en mi pasado y me brindó orientación para evitar posibles problemas en los próximos días.

Susan me introdujo a los guías espirituales e influencias ancestrales que nos guían. Ella utilizó salvia, encendió velas a santos de la Iglesia católica y purgó la mala energía. Todavía puedo recordar vívidamente la primera vez que escuché una voz guía. Durante una caminata nocturna, la voz me dirigió, diciendo: 'Detente, mira a esa familia de ahí'. Yo ni siquiera había notado a la familia que estaba entre los árboles. La voz era tierna pero orientadora. 'Observa cómo esa familia se relaciona y establece conexiones. Ese es un rasgo que te faltó mientras crecías. Por eso te sientes incómodo en situaciones familiares'. La voz me aconsejó sobre cómo fomentar conexiones con la familia y otras personas.

Anteriormente había caminado de cerca con Dios, sintiendo tangiblemente Su presencia. Sin embargo, la confusión nublaba mi percepción. Esta realidad que se estaba desarrollando era innegable. Me estaba volviendo cada vez más espiritual, pero surgía una sensación de aislamiento. ¿Cómo podía ser esto? Me pregunté. ¿Cómo podía tener conexiones tan profundas con el ámbito espiritual y sin embargo no percibir la cercanía de Dios? Entonces, un segundo guía espiritual emergió de mi interior, un conversador rápido. Para mi sorpresa, Susan confirmó que ambos teníamos el mismo guía espiritual, señalando sus patrones de habla rápida, un detalle que no le había compartido previamente. Esta validación de mis experiencias agregó una capa sólida de autenticidad a todo lo que estaba experimentando.

Un día, Susan vino a mi casa, visiblemente angustiada, esforzándose por compartir una revelación que había recibido de su guía espiritual. Lo había confirmado múltiples veces a través de diversos medios, incluyendo las cartas de tarot y sus guías habían confirmado consistentemente su veracidad. Finalmente, reunió el valor para darme la noticia.

Susan explicó que sus guías espirituales habían confirmado algo impactante: mi padre, quien me había criado, no era mi padre biológico. Al escuchar esta noticia, me sentí angustiado y extrañamente aliviado. De repente, explicaba mucho sobre nuestra tensa relación y el abuso que había sufrido de él, del cual mis otros hermanos habían sido excluidos. Sin embargo, necesitaba estar seguro.

Llamé a mi madre, quien insistió en que mi padre era, de hecho, mi padre biológico. Incluso expresó que se habría sentido aliviada si hubiera sido otra persona porque ella empatizaba profundamente con lo que yo había pasado de niño.

Después, contacté a mi hermano y le pedí que se hiciera una prueba de compatibilidad de ADN conmigo, aunque a él le pereció una tontería. Dado que yo vivía en otro país, pasaron cuatro largas semanas desde organizar todo hasta recibir los resultados de la prueba. Esas semanas fueron agónicas, llenas de incertidumbre sobre si toda mi vida había sido una mentira. Susan incluso realizó lecturas de tarot durante ese tiempo, y cada vez confirmaron la impactante revelación. Las fuerzas espirituales parecían estar firmemente seguras de que conocían la verdad.

Finalmente, los resultados de ADN llegaron. Después de cuatro semanas de preparación y la creencia de que éstos validarían lo que los guías habían dicho, abrí el sobre. A medida que leía los números, se volvió innegablemente claro: mi hermano y yo compartíamos el mismo ADN materno y paterno. Me quedé completamente sin palabras. ¿Cómo podía ser esto? Pensé. ¿Cómo estos supuestos "guías" podían haberse equivocado tanto y habían puesto mi vida de cabeza de esta manera?

Entonces, llegó un momento crucial. Durante una sesión introspectiva, una voz llena de autoridad declaró: "Te están mintiendo y engañando". La resonancia de esa voz era inconfundible. La había sentido una vez antes, durante el retiro juvenil hace casi 30 años. La presencia era poderosa e innegable. En ese instante, un velo se levantó de mis ojos y vi la oscuridad infiltrándose en mí. De repente, vi y comprendí completamente de una vez por todas que los "guías espirituales" y los "ancestros" en realidad eran demonios, astutamente disfrazados como ayudantes.

La revelación fue sorprendentemente simple y profunda a su vez. La verdad: solo existe Dios y solo existe Satanás. Sin embargo, buscamos rituales sagrados, velas, piedras, el universo y la naturaleza para reemplazar a Dios. Estos desvíos son tácticas astutas para separarnos a nosotros, los hijos de Dios, de la verdad pura. Al alterar ligeramente nuestra trayectoria, podrían redirigir completamente nuestro destino.

Dios había ocultado la verdad sobre mi padre a los demonios. Ellos creían que podían manipularme con la revelación de quien no era mi padre biológico. Si podían convencerme de su poder sobrenatural a través de tal revelación, podrían ganar control sobre mí. Sin embargo, Dios tenía intenciones diferentes. Él expuso sus mentiras y engaños con una revelación que sacudió la tierra. Así es como Dios me guio de vuelta a la verdad.

Dios intervino en mi viaje, arrojando luz sobre la oscuridad que había estado nublando mi entendimiento. Reveló los planes del enemigo, el engaño y las falsedades diseñadas para dañar a Sus amados hijos. Ese día, una profunda revelación se desarrolló ante mí. Abrumado por lo que acababa de comprender, me arrodillé humildemente ante Dios, buscando Su perdón y guía. Con un compromiso incondicional, prometí llevar a cabo Su voluntad y ofrecer mi ayuda de cualquier manera posible.

En ese mismo momento, en ese mismo día, Dios me dio otro mensaje para alguien, la amiga que me presentó a Susan. Este mensaje llevaba un gran poder, y sentí una mezcla de asombro y temor ante la perspectiva de entregarlo. La familiar sensación ardiente en mi pecho eliminó cualquier duda sobre su origen. Había tomado la firme decisión de nunca dudar en transmitir los mensajes de Dios, sin importar las posibles consecuencias. Pronto, mi amiga vino a visitarme, y entregué el mensaje:

"Hija de Satanás. ¿Por qué desvías a mi pueblo? Yo soy el Creador del Universo, Dios de los cielos y la tierra; no uso la brujería para hablar con mis hijos. Vuélvete de tus malos caminos antes de que sea demasiado tarde. Regresa a tu Padre quien te creó y te ama".

Con las manos sudorosas y el corazón acelerado, entregué ese mensaje. Las palabras habían resonado en mi cabeza cien veces, palabra por palabra, hasta que mi amiga llegó. A pesar de anticipar la excomunión potencial de su vida después de transmitir un mensaje tan poderoso, ocurrió algo inesperado. Las palabras que pronuncié resonaron profundamente en su corazón. Dios no se basa únicamente en las palabras; también obra en el corazón de la persona.

Más tarde, mi amiga revelaría que ese mismo día, Susan se había puesto en contacto con ella, llena de preocupación. El guía espiritual supuestamente compartido le había comunicado que debía marcharse, poniendo fin a su conexión tanto con ella como conmigo. Otro guía espiritual, un demonio, le había indicado a Susan que informara a mi amiga que no me visitara ese día. Estos demonios afirmaban que yo estaba confundido y era incapaz de entender sus mensajes. La instaron a distanciarse de mí de inmediato. Sin demora, Susan desapareció de mi vida, tal como la oscuridad huye de la luz.

Comencé a recibir más y más mensajes para la gente. No importaba cuán avergonzado me sintiera o lo difícil que fuera, entregaba todos y cada uno de ellos. La mayoría eran imágenes que debía convertir en palabras, luego realizar la traducción del mensaje y después venía la guía de Dios. Uno de los mensajes particularmente poderoso representaba un vibrante jardín, floreciente con plantas verdes y prósperas. El sol brillaba con intensidad desde arriba, iluminando la escena. Sin embargo, a medida que las plantas crecían más altas, una oscuridad que avanzaba comenzó a eclipsar la exuberante vegetación. La oscuridad envolvía las plantas, asfixiando de forma gradual la luz del sol hasta que solo quedó un delgado rayo.

Este mensaje específico estaba destinado a Mary, una mujer soltera mayor a la que había conocido brevemente seis meses antes. A pesar de mi nerviosismo, no hubo retroceso. Me había comprometido a transmitir todos los mensajes que Dios me diera. Me puse en contacto con ella para preguntarle si podíamos reunirnos y hablar. A su llegada, mis nervios eran evidentes mientras describía la intrincada visión que se me había presentado. Despacio y con cautela, le di la interpretación.

"El jardín verde simboliza tu juventud, un tiempo en que la vida era fresca y vibrante. Las plantas en crecimiento representan los años que han pasado. Sin embargo, con el tiempo, la oscuridad ha eclipsado la luz que una vez llenó tu vida. En la actualidad, solo queda un delgado destello de esa luz dentro de ti. Esta oscuridad, que se ha acumulado gradualmente durante décadas, da lugar a efectos secundarios en ti, incluida la tristeza y la depresión inexplicables".

El impacto del mensaje resonó muy profundo en ella. En cuanto a la guía de Dios, Su intención era clara: ayudarla a eliminar la oscuridad que había nublado su vida y abrazar de nuevo Su luz y amor. Lo que yo no sabía era que los demonios también habían llevado a esta mujer por el mal camino. Ella había abierto la puerta al ámbito espiritual asistiendo a retiros enfocados en la naturaleza, recopilando piedras espirituales y encendiendo velas a santos de la Iglesia católica. A pesar de sus esfuerzos, ninguna de estas prácticas dio fruto, ya que gradualmente la estaban alejando de la verdadera fuente de luz, Dios.

Cara A Cara: Mi Impactante Encuentro Con La Oscuridad

Fui contactado por una mujer llamada Jane, quien se había distanciado de mí unos meses atrás. Ella estaba lidiando con algo pesado, aunque no podía identificarlo ni comprendía cómo manejarlo. En ese punto, yo había comenzado a percibir las cargas emocionales que las personas llevaban y les ayudaba a procesarlas o liberarlas. Hasta ese momento, esas cargas habían sido principalmente emocionales y arraigadas en el dolor. Dios me había guiado, enfatizando que requería el consentimiento de la persona para conectar con ella, puesto que el regalo que me había dado era invasivo. Nunca debía ser utilizado sin el consentimiento del individuo. Dios respeta nuestras elecciones personales y nuestro libre albedrío hasta un grado que puede ser difícil de comprender.

Mientras me reunía con Jane, le pregunté acerca de sus sentimientos y la fuente de su lucha. Ella seguía sin tener ninguna idea. Buscando su permiso para conectar con ella y obtener información, me dio el consentimiento. Después de unos momentos, comencé a percibir una presencia oscura cerca de su corazón. En mi intento por entenderlo, noté una oscuridad en forma de tubo que se extendía hacia abajo por la zona de su abdomen. Era una presencia intensamente oscura, diferente de cualquiera que hubiera encontrado antes. Mientras intentaba discernir su naturaleza, un descubrimiento me impactó: ¡Era un demonio! Esta revelación me dejó atónito; nunca había visto uno en otra persona antes. Estaba perdido en cuanto a cómo abordar el tema con Jane de forma casual. Después de todo, ¿cómo se menciona casualmente: "Oye, vi un demonio dentro de ti"?

Buscando no alarmar a Jane, le ordené al demonio que se fuera en el nombre de Jesús, una frase arraigada desde mis primeras visitas a la iglesia. Para mi sorpresa, el demonio respondió: "No". Me quedé perplejo; yo había asumido que este enfoque funcionaría. Sin desanimarme, repetí mi orden: "¡Sal en el nombre de Jesús!" Sin embargo una vez más, la respuesta fue un rotundo "No". El demonio me dijo claramente que Jane había invitado su presencia de forma voluntaria a su vida y que únicamente ella era capaz de ordenarle que se fuera.

"Bueno, eso fue inesperado", pensé. Ahora, tenía que averiguar cómo informar a Jane que estaba teniendo una conversación con un demonio dentro de ella. En este punto, Jane no conocía a Dios. De hecho, ni siquiera estaba seguro de si ella creía en Dios o en Satanás. La mente a menudo lucha por comprender y aceptar los aspectos espirituales de esta vida, pero tenía que decirle la verdad de lo que estaba viendo. Aclarando mi garganta y titubeando un poco, reuní el valor para hablar. "Hmm, así que tienes un demonio, y no se irá a menos que se lo digas", le confesé tímidamente.

Ahora, en la historia, creo que es importante introducir dos palabras importantes: "Liberación somática". En ese momento, apenas había comenzado a experimentar liberaciones regulares, manifestaciones físicas como temblores, tos, llanto o vómitos. Este proceso ayuda a purgar la oscuridad que llevamos dentro. Solo un pequeño porcentaje de personas son capaces de experimentar estas liberaciones en su vida cotidiana. Puedes compararlo con la forma en que un perro tiembla cuando tiene miedo durante una tormenta eléctrica; está liberando la energía nerviosa acumulada. De manera similar, nuestros cuerpos utilizan este mecanismo para liberar el trauma del abuso, la oscuridad e incluso a los demonios. Después de todo, somos energía, y todo lo que hay dentro de nosotros también lo es. El temblor o la tos sirven como una válvula de escape para lo que albergamos.

El don que Dios me dio es facilitar liberaciones para aquellos que no pueden hacerlo por sí mismos. Si alguien lleva consigo una negatividad intensa como el odio, que es extremadamente oscuro y pesado, puedo conectarme con él y ayudarlo a liberarlo a través de mis propias experiencias somáticas. Todos compartimos conexiones entre nosotros, y como empáticos, formamos estas conexiones a un nivel mucho más profundo. Durante estas conexiones, puedo liberar en nombre de personas que no pueden hacerlo por sí mismas. Es por eso que a algunos individuos a menudo se les llama sanadores en este ámbito; ya que proporcionan un camino para que el dolor de otra persona escape.

Así que, volviendo a la historia de Jane. Después de pronunciar esas palabras, comencé a toser y jadear, la liberación del demonio estaba ocurriendo a través de mí. En ese momento, no era plenamente consciente de los detalles precisos, pero Jane me reveló más tarde que le había ordenado al demonio que se fuera cuando le informé lo que estaba sucediendo. La voluntad de una persona de vivir con o sin la influencia espiritual es un sello distintivo de la creación. Al igual que tenemos la libertad de elegir a Dios o no, también tenemos la libertad de elegir la influencia de la oscuridad en nuestras vidas. Esto marcó mi experiencia inicial en la eliminación de la oscuridad espiritual de alguien y el comienzo de una brutal batalla espiritual que culminaría con Satanás ordenando mi muerte para evitar que continuara con la obra de Dios.

No mucho después de la experiencia con Jane, Dios me concedió la autoridad para expulsar demonios de las personas. Una vez que identificaba su presencia dentro de alguien que buscaba ayuda, les ordenaba que se fueran, y ellos obedecían. En las semanas que siguieron, la gente empezó a aparecer en mi casa a diario. A veces tenía 2, 3, 4 o incluso 5 personas esperando para su turno. Se corrió la voz sobre cómo se sentían las personas después, y cada vez más individuos tenían hambre de la sanación de Dios. Podría escribir varios libros sobre las luchas espirituales y el proceso de purgar la influencia de Satanás en una persona. De hecho, lo que llegué a comprender fue profundamente impactante para mi conciencia.

Después de que Adán y Eva consumieron el fruto del árbol del conocimiento del bien y del mal, Satanás encontró su camino hacia la creación. Un dato interesante que Dios me transmitió es que, aunque a menudo culpamos a Adán y Eva por perturbar la creación, cualquier ser humano posterior habría tomado la misma decisión que ellos. Esta percepción explica por qué nunca ha habido un reinicio completo dentro de la creación.

Mucha gente percibe la presencia de Satanás como una fuerza mística externa. Pero así como Dios opera a través del espíritu, también lo hace Satanás. Su influencia vive dentro de todos nosotros. Esta presencia interna moldea nuestras decisiones y pensamientos. Nadie está exento de ella. La influencia de Satanás sigue siendo una parte inherente de todos nosotros dentro de la creación. Ignorar esta verdad no te protegerá de su influencia.

A medida que Dios continuaba eliminando la oscuridad y expulsando demonios de las personas, comenzaron los ataques. Inicialmente, algunos demonios de alto rango de Satanás intentaron atraerme con ofertas de dinero o posesiones. Cuando eso falló, Satanás mismo se acercó a mí. Satanás me ofreció todo lo que yo pudiera desear. ¿Un millón de dólares? Hecho. ¿Una pareja atractiva? Hecho. ¿Estatus? Hecho. Me presentó muchas tentaciones y me imploró que lo ayudara a desmantelar la creación.

Durante un período aproximado de seis meses, experimenté no menos de 30 ataques espirituales de este tipo. Con cada intento de alcanzarme, tuve que elegir de manera consciente a Dios, afirmando repetidamente: "Yo elijo a Dios". Me preguntaba por qué, durante esa temporada, Dios no me protegió de estos encuentros. Después de un número significativo de intentos espirituales fallidos, Satanás cambió de táctica y comenzó a influenciar a personas de este mundo en mi contra.

El ataque inicial involucró el robo de mi inventario comercial, lo que efectivamente destruyó mi negocio por completo. De alguna manera, una prostituta accedió al inventario de extensiones de cabello y lo robó todo. Hasta entonces, nunca había sido víctima de un crimen. Después de esto, caí presa en la compra engañosa de un vehículo, lo que resultó en una gran pérdida financiera. Tales eventos nunca me habían ocurrido antes. Posteriormente, retiré el equivalente a 1,000 dólares en efectivo de un banco. Aproximadamente una hora después, recibí varias llamadas frenéticas; resultó que el cajero que me atendió me había entregado el equivalente a 2,500 y estaba a punto de perder su trabajo. Esto, también, fue un ataque de Satanás. Una táctica: robarme y luego proporcionarme una compensación. "Lo mereces", "te han hecho un mal; aprovecha esta oportunidad para compensarlo". Satanás intenta torcer nuestra brújula moral para comprometer los principios de Dios. De inmediato devolví los fondos excedentes a un muy agradecido cajero bancario.

Después de soportar sucesivos ataques espirituales, presenciar la ruina de mi negocio y resistir los múltiples intentos de soborno, ninguno de los cuales comprometió mi fe en Dios, Satanás solo tenía una opción; borrarme de la faz de la tierra.

Marcado Para La Muerte:
En La Mira De La Oscuridad

Era una pintoresca tarde de sábado en Octubre, y el sol se estaba poniendo suavemente bajo el horizonte mientras concluíamos una reunión con un contratista. La visión que yo acariciaba profundamente era establecer un santuario, un refugio donde los huérfanos de todos los rincones pudieran encontrar paz, reconectarse con la naturaleza y liberarse de sus dificultades. Era un sueño para mí brindarles la oportunidad de disfrutar de la belleza pura y la felicidad, una experiencia como ninguna otra que hubieran conocido antes.

Mi cercana amiga Nelly y yo habíamos emprendido este viaje un año atrás al establecer una fundación sin fines de lucro, dedicada a ayudar a los orfanatos. Usando mis ahorros personales, había adquirido recientemente 1.2 hectáreas de tierra a la orilla de un apacible lago en las montañas. La propiedad era una cautivadora franja de tierra adornada con majestuosos pinos y con un extenso frente al lago de 100 metros. No había una sola casa vecina a la vista, ya que este pedazo de tierra estaba rodeado por miles de hectáreas de serena naturaleza.

Si bien el camino para adquirir y completar la compra de este terreno no había estado exento de desafíos, la realización de nuestro sueño finalmente era tangible. Esperábamos extender una invitación a orfanatos de todo el país, otorgándoles acceso gratuito a este retiro, un lugar para acampar, pescar, hacer barbacoas, reunirse alrededor de fogatas y compartir historias. Mis recuerdos más preciados fueron forjados durante los viajes de campamento con seres queridos, y deseaba brindar esta misma oportunidad a los niños huérfanos.

Cuando nuestra reunión con el contratista concluyó alrededor de las 6:45 pm de esa hermosa tarde, emprendimos el viaje de regreso. El trayecto se extendía ante nosotros, prometiendo un camino de aproximadamente dos horas a través de las majestuosas montañas. Siempre disfrutaba de este viaje, deleitándome en la belleza escénica y la tranquilidad que ofrecía. Era un tiempo preciado para mí a fin de relajarme y contemplar los pasos siguientes para materializar el sueño de ofrecer este refugio a los niños.

Durante nuestro viaje de regreso, Nelly y yo compartimos pensamientos sobre la serenidad y la paz de los paisajes montañosos. Aproximadamente media hora después de iniciar nuestro recorrido, la oscuridad descendió, y fue entonces cuando nos encontramos con una escena inesperada. Una camioneta pickup se había detenido en el carril contrario, con sus luces altas brillando intensamente y obstruyendo nuestra vista. Si bien la situación era un poco extraña, no nos alarmó de inmediato; los vehículos detenidos en la carretera eran comunes en la zona.

Algunos automóviles se habían reunido detrás del primero, lo que me llevó a asumir inicialmente que el vehículo al frente había tenido problemas mecánicos en el ascenso de la colina, obstruyendo inadvertidamente a los demás. A través de la oscuridad, emergieron siluetas tenues, ya que las luces de los autos que estaban detrás los iluminaban. "Algo parece estar mal", comenté a Nelly. Disminuí la velocidad a medida que nos acercábamos al vehículo detenido. Mientras mis propios faros iluminaban progresivamente las figuras, se desarrolló una revelación escalofriante.

Con mis faros exponiendo gradualmente sus formas desde los pies hacia la cabeza, quedó claro un panorama perturbador: apuntaban rifles directamente hacia nosotros. La inquietante revelación se profundizó a medida que las luces exhibían sus regiones superiores

LA VERDAD FINAL

del torso, confirmando que estas personas llevaban pasamontañas. Mi auto se detuvo a unos 18 metros frente a los hombres armados enmascarados.

En un instante, un destello se materializó desde la oscuridad, seguido rápidamente por un sonido característico que me parecía demasiado familiar: un destello de la boca del cañón y el posterior estruendo de un disparo interrumpieron la apacible tarde. En ese destello de un segundo, la tranquilidad que me había envuelto momentos antes me fue cruelmente arrebatada, un robo perpetrado por un ladrón invisible e intangible. Era como si la posesión más valiosa a la que nos aferramos nos hubiera sido robada: la paz. Los próximos segundos y centímetros demostrarían ser cruciales, determinando el destino tanto de Nelly como el mío mientras se desarrollaban los eventos que siguieron.

Rápidamente puse el auto en reversa mientras el sonido de los disparos resonaba a nuestro alrededor. La oscuridad envolvía el vehículo, obstaculizando mi vista a través de las ventanas tintadas. De manera instintiva, maniobré en reversa, con el objetivo de distanciarnos de los atacantes. Cualquier dirección lejos del peligro parecía mejor que donde estábamos. Logré conducir el vehículo alrededor de una curva, apenas fuera de la vista de los hombres armados. Bajé la ventanilla para tener una mejor visibilidad y me centré en las ruedas traseras mientras comenzaba una maniobra en tres puntos para regresar por donde vinimos.

Sin embargo, cuando puse el auto en marcha hacia adelante, otra camioneta cargada de hombres armados se acercó rápidamente a nosotros, disparando tiros en nuestra dirección. La desesperación se apoderó de mí cuando me di cuenta de nuestra terrible situación. ¿Por qué estaba pasando esto? Frente a la perspectiva de una muerte segura si permanecíamos en un solo lugar mientras hacía la maniobra de tres puntos, tomé la desgarradora decisión de acelerar directamente hacia el retén y los hombres armados que nos estaban esperando. Mientras acelerábamos a toda velocidad, el rápido tiroteo resonó en el aire

29

nocturno mientras las balas penetraban en el vehículo. Los vidrios se rompieron, y el sonido de golpes e impactos acompañó la ráfaga de balas. Una bala atravesó el parabrisas, peligrosamente cerca de la cabeza de Nelly, mientras que otra perforó el parabrisas entre los dos, los proyectiles nos esquivaron por poco a ambos.

Navegando a través del incesante bombardeo de disparos, avanzamos más allá del bloqueo en la carretera. Sin embargo, el caos posterior trajo otro problema, una colisión inminente con una pequeña camioneta que escuchó los disparos y comenzó a dar la vuelta, obstruyendo nuestro camino. El impacto fue estremecedor, lanzándonos por el aire antes de que el vehículo volcara, aterrizando finalmente sobre sus ruedas. Con urgencia, le grité a Nelly: "¡Sal y corre hacia el bosque!" Consciente de que los hombres armados convergerían en cuestión de minutos para poner fin a nuestras vidas.

Al llegar a la línea de árboles, me sumergí rápidamente bajo una cerca de alambre de púas. Me detuve y levanté el alambre inferior para que Nelly pasara por debajo, pero cuando miré hacia atrás, ella no estaba ahí. Mi corazón se hundió, pero un sentimiento de alivio me invadió cuando apareció frente a las luces del vehículo destrozado. "¡Nelly!" Grité. Ella corrió hacia mí y se sumergió rápidamente bajo el alambre de púas.

Con los ecos ensordecedores de los disparos como fondo, nos adentramos en el denso bosque mientras nos disparaban. Corrimos con todas nuestras fuerzas mientras una implacable lluvia de ramas y espinas nos cortaba y apuñalaba. Corriendo a través de la oscuridad, cada fibra de nuestro ser se centraba en escapar. Finalmente, descubrimos un escondite oculto en lo profundo del bosque, un breve respiro del peligro inminente. De forma sorpresiva, Nelly tenía su teléfono celular, y había servicio en las montañas. Pudimos contactar a la policía. Su respuesta fue mesurada y provocó la formación de una fuerza de protección antes de rescatarnos.

Durante más de una hora, permanecimos ocultos, sin saber si nuestros perseguidores se acercaban. En medio de las sombras, la incertidumbre se cernía sobre nosotros, con la respiración contenida en anticipación. Finalmente, salimos de nuestro escondite, alentados por la vista de la policía que había venido en nuestra ayuda. El resultado fue nada menos que milagroso; a pesar de la lluvia de balas y la colisión de vehículos, salimos relativamente ilesos.

Mientras los detectives inspeccionaban el vehículo en la estación de policía, de repente gritaron y se alejaron de él con miedo. Pregunté qué estaba pasando, y me informaron que había una serpiente venenosa en el vehículo. Este vehículo había estado parado en posición vertical en la carretera desde la colisión, por lo que era extremadamente difícil entender cómo podría haber una serpiente en él. Satanás más tarde se jactaría ante mí de que era su "tarjeta de visita". Un mensaje para mí de que había estado ahí.

En los días que siguieron al ataque, quedé en completo estado de shock por haber sobrevivido a algo tan violento. Entonces, le cuestioné a Dios. "¿Por qué? ¡Todo lo que yo hago es ayudar a los huérfanos y ayudar a las personas a sanar! ¿Por qué no sería yo la persona a la que tú protegerías? ¿Por qué se me permitió ser un objetivo? ¡Trabajo para ti, Dios!" El lado espiritual del intento de asesinato se me reveló aproximadamente una semana después del ataque.

Revelaciones Del Espíritu:
Más Allá De Lo Físico

Una profunda oleada de odio y enojo me invadió aproximadamente una semana después del ataque mientras estaba acostado. Las palabras brotaron de mis labios, en un torrente vil: "Vamos a arruinar todo, vamos a infligir dolor, vamos a dominar". Vi cocaína, embriaguez, depravación. Estaba presenciando el ataque desde la perspectiva de los demonios. La siguiente escena los reveló en la carretera, llenos de odio y sed de dominio. Se regocijaban extendiendo el terror, deleitándose en el miedo que sembraban. Las risas resonaban mientras se regodeaban en el miedo de quienes se acercaban al bloqueo en la carretera. En medio del caos, una voz exclamó: "¿Qué es esto?", otro escupió: "¿Quién se cree este tipo que es?" Me di cuenta de que ese fue el momento en que llegué al bloqueo. Los demonios estaban indignados por mi falta de miedo, furiosos por mi desafío hacia ellos. Los demonios se complacían en infundir terror. Se decían entre ellos: '¡Demos a este tipo algo de qué tener miedo... aprieten el gatillo! ¡Aprieten el gatillo!' Gritaron, y sentí que ellos influenciaban decisiones. Decisiones oscuras y llenas de odio.

Cuando los hombres armados dispararon, un coro de risas malignas estalló. Su arrogancia aumentó, una oscuridad triunfante que proclamaba: "¡Mira lo que hemos hecho, tonto! ¡Sé testigo de quién tiene el dominio sobre esta tierra!" Sentí su completa y absoluta satisfacción en el terror que promovían. Sin embargo, de inmediato se produjo un cambio en su actitud; el pánico los dominó. Su comunicación, una vez llena de odio, ahora estaba llena de confusión y ansiedad. "¿Qué? ¿Qué?" Balbucearon entre ellos, con sus voces teñidas de pánico. Y luego, en una desesperación frenética, una revelación escalofriante los atravesó: "¡Dios viene!" El pánico reinó mientras luchaban por comprender lo que estaba sucediendo. "¡Él nunca viene aquí! ¿Qué está pasando?" Gritaron. La realidad se hizo presente, Dios venía en mi ayuda. Aterrados, gritaron: "¡Este es el elegido de Dios! ¡Protégelo! ¡No permitas que estos tontos lo lastimen! ¡Haz que fallen!" Luego, en un instante, fui transportado a una perspectiva diferente.

A Través De Los Ojos De Lo Divino

M e encontraba suspendido sobre la línea de los árboles, observando el techo de mi vehículo mientras se dirigía hacia el bloqueo en medio de una ráfaga de disparos. De repente, descendí desde lo alto de los árboles al interior del vehículo en microsegundos. Al instante, una radiante luz blanca y pura inundó el vehículo, emanando desde todas las ventanas hacia el exterior. Me invadió una profunda sensación de tranquilidad, acompañada de una presencia calmante más poderosa que cualquier otra paz que hubiera experimentado antes. Dios estaba revelando ahora Su acto de amor y protección sobre mí.

En medio de este momento sereno, se produjo una interacción deliberada y pausada. *"Hijo, agáchate aquí"*, habló con calma, y de inmediato obedecí agachándome. Más tarde me daría cuenta de que, precisamente en ese instante, estaba atravesando el fuego más intenso, y una bala había entrado por la ventana del lado del chofer, perforando el asiento del conductor a la altura del tórax. Si hubiera estado un poco más erguido, la bala me habría alcanzado justo en medio del pecho.

Con el mismo tono calmado, Dios me informó de una colisión inminente. *"Hay una colisión acercándose, hijo. Siéntate derecho para que el impacto no te dañe"*. Ajusté mi postura con calma, justo una fracción de segundo antes del impacto. Con un comando sereno, Dios guio al vehículo para que aterrizara sobre sus ruedas, asegurando que pudiéramos abrir fácilmente las puertas y escapar.

"Hijo, informa a Nelly que necesita salir del vehículo y correr hacia el bosque". Transmití la orden de inmediato. Actuando según Su guía, me arrastré rápidamente debajo de la valla y me detuve. *"Hijo, Nelly no puede verte. Llámala"*. En ese momento, la vi frente a los faros, buscándome. Cuando me alcanzó y corrimos hacia el bosque, presencié la extraordinaria y pura presencia brillante de Dios envolviéndonos, un escudo protector que garantizaba nuestra seguridad.

En Un Abrir Y Cerrar De Ojos: Juicio Inmediato

Dios entonces me mostró un juicio investigativo que se desarrolló inmediatamente después del intento de asesinato. Sentí la ira emanando de Dios- ¡Satanás! Él gritó: "*¡Preséntate ante mí ahora!*" Satanás se materializó, aparentemente imperturbable. "¿Sí, Dios?", replicó. "*¡Te ordené que te alejaras de mi hijo! ¡Me has desafiado!*" Satanás fingió inocencia, diciendo: "No tengo conocimiento de eso, Dios. Ellos actuaron por su cuenta".

Sin demora, Dios convocó a los demonios involucrados en el ataque, exigiendo un ajuste de cuentas. Temblando de miedo, se pararon ante Dios. "*¿Por qué atacaron a mi hijo?*", demandó; su tono era enérgico. Los demonios balbucearon, alegando ignorar mi estatus de "elegido". "No sabíamos que era tu elegido, Dios", tartamudearon. Disgustado, Dios preguntó: "*¿Cuántos otros han pasado por esa* área *sin que el miedo esté presente en ellos?*" A regañadientes, los demonios confesaron: "Ninguno". El desdén de Dios era innegable. "*Son unos tontos y una afrenta para mí. Por sus crímenes contra la creación, serán juzgados de inmediato*". Dios los juzgó rápidamente por su papel en el ataque.

"*¡Satanás!*", gritó Dios con una voz fuerte y llena de poder, sintiendo aún Su ira por la desobediencia a Su mandato de dejarme en paz. "*¡Tráeme al general Abadar!*" exigió Dios. Satanás suplicó: "por favor, Dios, perdónalo. Lamento lo que ocurrió, pero esto es demasiado". "*Presenta al general Abadar ante mi ahora*", ordenó Dios. Comprendí que el general Abadar era un confidente cercano y un asociado al servicio de Satanás desde hacía mucho tiempo. Satanás confiaba plenamente en él. Se hizo evidente que el general Abadar estaba a cargo de orquestar la violencia dentro de la creación.

"¿Quién autorizó el ataque a mi hijo?", preguntó Dios al general Abadar. "Satanás lo hizo", admitió. *"¿No sabes que él ha sido elegido por mí?"* presionó Dios. "Sí, lo sé, Dios. Pero estaba actuando bajo órdenes", respondió el general Abadar. Percibí que la lealtad del general a Satanás lo convertía en un activo valioso, capaz de desafiar el mandato de Dios si Satanás así lo deseaba.

Dios continuó con su línea de preguntas. *"¿Cómo facilitaste el ataque a mi hijo?"* El general mencionó a José, Rodrigo, Juan y Diego como personas bajo su influencia en la zona. "Nuestros soldados los influenciaron para que le quitaran la vida a tu hijo", confesó. Dios, habiendo escuchado lo suficiente, dijo: *"Por tus crímenes contra la creación, serás juzgado ahora"*, dictaminando el juicio sobre el general Abadar.

"¡Satanás!", resonó la voz de Dios con fuerza; la ira persistente era evidente en Él. *"Dame un capitán para juicio inmediato"*. Una vez más, Satanás suplicó: "Dios, por favor, no más. Ya has hecho suficiente. Lo entiendo, y no volverá a suceder". Con firmeza, Dios ordenó: *"Preséntame a uno de tus capitanes para juicio"*. Satanás obedeció, y Dios lo juzgó de inmediato por sus crímenes contra la creación.

"¡Satanás! Dame un teniente para juicio", ordenó Dios. Las súplicas de Satanás se intensificaron; "No, por favor, no hagas esto. El juicio del general Abadar fue abrumador, ¿y ahora reclamas más?" Implacable, Dios exigió: *"Entrégame un teniente ahora, Satanás"*. El teniente fue presentado y rápidamente juzgado por sus crímenes contra la creación.

"Quiero a 30 demonios ante mí", decretó Dios. En este punto, vi a Satanás arrojándose ante Dios, implorando: "¡Misericordia, misericordia, misericordia, misericordia, Dios!" Suplicó a Dios por misericordia, su desesperación era evidente. La ira de Dios

retrocedió. Una sensación de calma y tranquilidad descendió. Con voz autoritaria, Dios declaró: *"Si un solo cabello de su cabeza es dañado por tu mano, ciertamente te juzgaré por ello. Tú no decides quién vive y quién muere. ¡Esta es mi creación! No me pongas a prueba, Satanás."*

A continuación, se encuentran las fotos del vehículo después del ataque de Satanás:

Vehículo el día después del ataque

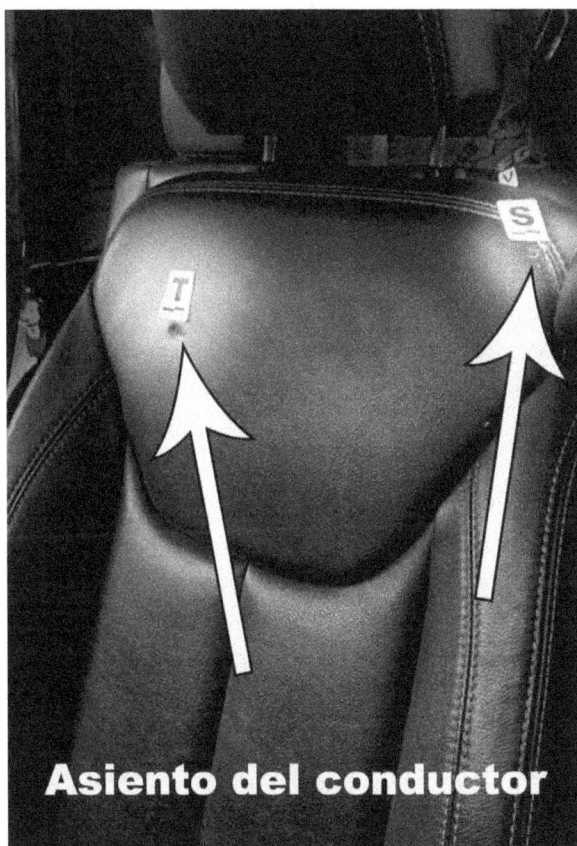

Asiento del conductor

El Verdadero Costo De Servir A Dios

Siempre había anhelado servir a Dios, desde la inocencia de la infancia cuando busqué la presencia de Dios en mi vida a la edad de solo cinco años, hasta convertirme en el hombre que escapó por poco de pagar el precio máximo. En algún lugar entre esos dos puntos, me desvié por mi propio camino una o dos veces, pero Dios nunca se olvidó del corazón sensible de ese niño pequeño. Pero, ¿cuál es el costo de servir a Dios? El propio hijo de Dios, quien vino a entregar un mensaje de esperanza para todos nosotros y cargó con una deuda que no era suya, tuvo solo tres años en su ministerio antes de ser asesinado por compartir el amor de Dios con el mundo. ¿Cómo pudo el amor puro ser destruido tan rápidamente en esta tierra?

¿Y qué hay de los discípulos? Jacobo fue el primer discípulo en ser martirizado después de Jesús. Hay rumores de que crucificaron a Pedro boca abajo, ya que se consideraba indigno de morir de la misma manera que Jesús. ¿Y el apóstol Pablo? Si bien los registros históricos pueden debatir la fecha exacta y el método de la muerte de Pablo, es ampliamente aceptado que él también fue un mártir. Basado en los acontecimientos de esa época, es probable que Pablo haya encontrado su fin al ser decapitado, posiblemente alrededor del mismo tiempo de la crucifixión de Pedro. La lista sigue y sigue.

¿Por qué los hombres que difundieron el amor y la luz de Dios fueron recibidos con violencia? ¿Incluso el propio hijo de Dios?, ¿no está ese destino reservado para criminales?, ¿ladrones?, ¿mafiosos?, ¿narcotraficantes?, ¿el inframundo? ¿Por qué aquellos que sirven a Dios estarían destinados a tener un resultado tan sombrío? Sí, aquellos eran tiempos diferentes. ¿Han evolucionado las cosas? Ahora vivimos en una era más culta, ¿verdad? Habitamos en sociedades educadas con leyes bien definidas y modernos mecanismos para su aplicación. Hay policía, tribunales y penitenciarías. Es ilegal quitar una vida, ¿no es así? Esto es lo que yo creía.

Cuando emprendí el viaje de entregar mensajes de esperanza para Dios y de expulsar demonios, me convertí en una gran amenaza para Satanás. Sin saberlo, me marcaron para la muerte. La única razón por la que estoy aquí hoy es por Dios. Claramente, Dios tiene un plan distinto para mí, uno que no termina en una muerte prematura por servirle.

He hecho y sido muchas cosas en esta vida. He sido alguacil adjunto, policía motorizado, miembro del equipo SWAT, sobreviví 2 años y medio en Irak durante el punto máximo del conflicto y me embarqué en un viaje en solitario en motocicleta desde la frontera canadiense hasta Colombia, Sudamérica. Profesiones y aventuras peligrosas en cualquier medida. Pero, ¿cuál es el trabajo y la aventura más peligrosa de mi vida? Eso es fácil: servir a Dios.

Ahora que mi historia ha sido contada, nos embarcaremos en un viaje profundo al mundo espiritual de lo invisible. Estas revelaciones fueron la razón por la que Satanás intentó matarme. La verdad es temida por aquel que promueve mentiras y engaños para contaminar al pueblo de Dios. El viaje que sigue en estas páginas será profundo y desenmascarará mentiras en las que has creído toda tu vida. Las verdades contenidas en estas páginas serán reveladas a aquellos con corazones abiertos para ver la verdad. Dios te bendiga mientras continúas por este camino de comprensión que finalmente te conduce a una decisión que cambiará tu vida. ¿Dónde pasarás la eternidad?

Psicodélicos Al Descubierto: El Portal

Los psicodélicos están incrementando nuevamente su popularidad debido a sus propiedades curativas de carácter emocional y mental, ¿pero son realmente la droga de inicio, que la mayoría cree que son? Para el propósito de esta conversación, hablaremos de los hongos, comúnmente conocidos como hongos mágicos. Estas son creaciones terrenales y totalmente naturales de Dios. Si bien existen otros psicodélicos con propiedades similares, nuestro enfoque se centrará en explorar las implicaciones morales de percibir la verdad a través de lo que Dios ha creado: los hongos psicodélicos.

Las personas que se identifican como cristianos conservadores temerosos de Dios a menudo mantienen una estricta adherencia al cumplimiento de las reglas y leyes. Sin embargo, el gobierno declaró ilegales los hongos y utilizó propaganda para inculcar la idea de que probarlos conduciría a daños cerebrales, etiquetándolos como malignos. Este tipo de manipulación es inquietante. A esas personas, les ofrezco una sola palabra: aborto. El mismo gobierno lo legalizó y lo consideró como algo bueno, un derecho de la mujer para terminar con un hijo no nacido. ¿Podría ser que la misma oscuridad que promueve la terminación de vidas inocentes sea la que también te esté ocultando verdades? ¿Es plausible que esa misma fuerza haya criminalizado una planta natural que revela la verdad que llevamos dentro? Reflexiona profundamente sobre esto, ya que presenta un profundo dilema moral para muchos.

En el extremo opuesto del espectro, hay quienes defienden la libertad personal, tienen sentimientos antigubernamentales y encarnan un espíritu hippie. ¿Han descubierto verdades que otros dudan en reconocer? Mi intención aquí no es juzgar los diferentes puntos de vista, sino descubrir la verdad. La verdad sobre los hongos, su existencia en la Tierra y las revelaciones que ofrecen. Presentar la verdad y la orientación sobre cómo tomar decisiones bajo la influencia de sus efectos.

En esta revelación, pretendemos arrojar luz sobre la naturaleza misteriosa de los hongos, su propósito en nuestro mundo y el profundo discernimiento que pueden proporcionar. Descubramos las capas de oscuridad y abracemos las profundas preguntas que plantean.

Permíteme establecer mi autoridad sobre este tema al revelar la extensa cantidad de sesiones en las que he estado involucrado. En primer lugar, se les llama "sesiones" porque proporcionan un período dedicado para la sanación, aislado del mundo exterior. En mi contexto, una sesión implica que una persona se recueste en una cama, con los ojos cubiertos y música meditativa sonando suavemente de fondo. Durante la mayor parte de la sesión, los dejamos solos en la habitación, lo que les permite enfocarse hacia su interior. Cuando están despiertos, con los ojos abiertos o participando en una conversación, dirigen su atención hacia el exterior.

Sin embargo, es crucial enfatizar que la verdadera sanación se origina desde adentro. Tengo la firme convicción de que las personas deben profundizar en su interior para descubrir respuestas durante una sesión. Esta es una forma poderosa de medicina que exige respeto. Rechazo de forma enérgica la idea de que los psicodélicos recreativos tomados con otras personas tengan la capacidad de una sanación significativa, principalmente debido a las distracciones externas.

Hasta el momento de escribir esto, he estado involucrado en 432 sesiones psicodélicas para personas más allá de las fronteras de los Estados Unidos. Ser sensible al espíritu me otorga una ventaja única al guiar estas sesiones. Me permite percibir el funcionamiento interno de una persona. Sin embargo, también puede ser un arma de doble filo. Durante mi temporada inicial en este camino de ayudar a las personas a superar su confusión interna, no me di cuenta del impacto que estaba teniendo en mí. Me volví excesivamente irritado con las personas que realizaban sus sesiones y deseaba alejarme de ellas. Suspendí temporalmente mi papel como guía porque la carga emocional se volvió abrumadora.

Cuando una persona está en una sesión, su vulnerabilidad y apertura se intensifican. Este estado elevado les permite observar y liberar sus luchas internas. En consecuencia algo me conectaba de manera íntima con la oscuridad que emergía a la superficie, y la experiencia era emocionalmente agotadora para mí. Con el tiempo, aprendí gradualmente cómo protegerme de esta influencia abrumadora, lo que me permitió reanudar mi misión de facilitar la sanación de los demás.

Una vez vi a una *youtuber* hablar sobre su primera experiencia psicodélica. Ingirió una cantidad sustancial de hongos y deambuló por su casa, eventualmente se aventuró y salió la calle. La mujer parecía ser cristiana, e intentaba cumplir con la obra de Dios advirtiendo a las personas sobre los efectos peligrosos de estos psicodélicos. Detalló su encuentro con una intensa oscuridad, que identificó como demonios, que la perseguían activamente. La convencieron de que la experiencia había abierto una puerta a Satanás, y abogó apasionadamente por evitar por completo estas sustancias. Sus intenciones sin duda eran buenas; creía genuinamente en su causa. Sin embargo, lo que presenció fue introspectivo. Se enfrentó cara a cara a los demonios internos que llevaba consigo, lo que la asustó profundamente. Al final, vio la verdad. Simplemente no sabía cómo interpretarla o qué significaba.

¿El Portal Del Diablo?

Yo también he experimentado una sanación transformadora mediante el uso de hongos. Sé que, bajo las condiciones adecuadas, pueden producir una sanación increíblemente positiva. Sin embargo, una pregunta persistente rondaba mí cabeza: ¿Por qué estas sustancias existen en la Tierra? Durante un período considerable, lidié con esta pregunta en soledad. Observé tanto sus impactos positivos como negativos en diferentes personas, presenciando cómo algunos individuos se comprometían en una o dos sesiones y luego retrocedían apresuradamente, mientras que una pequeña minoría perseveraba más allá de siete u ocho sesiones, persiguiendo inquebrantablemente la verdad. En Mateo 7:7-8, dice: *"Pidan y se les dará; busquen y encontrarán; llamen y se les abrirá. Porque todo el que pide, recibe; el que busca, encuentra y al que llama, se le abre"*. Pero, ¿puede este versículo bíblico aplicarse al uso de hongos?

La respuesta a mi búsqueda de la verdad finalmente me fue revelada por Dios una noche. Me transportó al jardín del Edén, revelando a Adán y Eva frente al árbol del conocimiento del bien y del mal. Dios enfatizó Su deseo de nunca retener la verdad de Sus hijos, concediéndoles la libertad de elegir. El árbol existía para que pudieran elegir el conocimiento del bien y del mal si así lo deseaban. De manera similar, Dios nos ha proporcionado los hongos. Estos hongos sirven como una puerta de acceso a la verdad, a la comprensión del bien y del mal. La decisión de abrazar este conocimiento queda en manos de Sus hijos.

Satanás no quiere que veas la oscuridad que hay dentro de ti. Sus demonios encuentran refugio allí, usándolo como su base de operaciones. Esta es la razón principal por la que la mayoría de los gobiernos han criminalizado el consumo de esta sustancia natural. No te equivoques, Satanás ejerce una considerable influencia dentro de la creación.

Cuatro Caminos, Una Revelación: Viaje Hacia La Verdad

He observado a personas emerger de estas sesiones con nuevas ideas, etiquetándolas como orientación espiritual. Yo también he salido de las sesiones con nuevos conceptos de trabajo, planes de negocios y revelaciones que no había experimentado antes. Convencidos de que son mensajes de Dios, los individuos a menudo actúan rápidamente sobre ellos. Sin embargo, he encontrado planes que parecían brillantes en la sesión, pero se derrumbaron al ponerlos en práctica. Entonces, ¿fue realmente la mano guía de Dios? En algunos casos, parece poco probable.

Creo que los psicodélicos pueden potencialmente abrir vías neuronales inexploradas, dando lugar a nuevos patrones de pensamiento. Quizás te vuelvas un poco más creativo que antes de la sesión. Aunque la comprensión científica todavía es incompleta, aconsejo precaución al etiquetar algo de una sesión como divino. En mi experiencia, las ideas de este tipo a menudo surgen hacia el final de la sesión a medida que los efectos disminuyen, lo que facilitaría la teoría de los nuevos patrones de pensamiento.

En el camino de la sanación psicodélica, he tenido la oportunidad de observar el surgimiento de solo cuatro caminos distintos en cientos de sesiones. Es de suma importancia comprender el concepto de que somos entidades espirituales que viven dentro de cuerpos físicos temporales, destinados a pasar a otra existencia una vez que nuestra actual llegue a su fin. Descartar la dimensión espiritual equivale a apartarse de la verdad, limitando la oportunidad de una sanación genuina a través de este proceso.

Primer Camino: El primer camino que he observado implica que las personas participen en alrededor de 1 a 3 sesiones. Se embarcan en un viaje superficial de purificación y sanación. Rápidamente proclaman el triunfo a través de estas sesiones, exclamando: "Estoy bien, me siento fantástico, nunca he estado mejor". Indudablemente, se encuentran en la mejor condición en la que han estado, calificándose a sí mismos con un 9 en una escala del 1 al 10, un nivel que consideran más que satisfactorio para evitar futuras sesiones. "¿Por qué arriesgarse?", surge un pensamiento profundo desde su interior. Pero, ¿cuál es exactamente el riesgo de continuar en el camino hacia la sanación?, ¿por qué apostar por descubrir la verdad detrás de su dolor?, ¿por qué enfrentar una realidad que temen? Satisfechos con su progreso, desaparecen, sin volver nunca más.

Cuando confronto a alguien que afirma que está "bien" y ya no necesita sanarse, planteo una pregunta: "¿Bien en comparación con qué?" ¿Cuál es tu criterio para medir el bienestar?, ¿cómo determinas tu estándar de "bien" en esta vida? Para desafiar su conciencia, utilizo una técnica de regla de cálculo. Dibujo una escala del 1 al 100, donde 1 simboliza estar abatido, llevando cicatrices de abuso sexual, rechazo, abandono, abuso físico y emocional, negligencia y más. En el otro extremo, el 100 significa perfección, irradiando una luz increíble mientras recorres este camino de la vida. Eres puro amor sin programas que sanar o dolor que eliminar. Luego les digo que imaginen que estaban en un modesto 6 cuando comenzaron a sanar. Después de dos sesiones, han ascendido a 10, sintiéndose mejor que nunca. Nunca se han sentido tan ligeros y libres como en este momento.

Convencido de que estás "sanado", ¿cómo evalúas tu posición en la escala de sanación?, ¿contra qué punto de referencia mides tu estado de "bien"?, ¿cómo sabes que estabas en un 6 y ahora estás en 10? Aquí es donde entra en juego la introspección, revelando las respuestas dentro de ti. Estas personas declaran la victoria por miedo a ver la verdad. Ahora, pasemos al segundo camino que se ha desarrollado dentro de los círculos de sanación.

Segundo Camino: Este camino es intrincado. La sanación abarca aproximadamente de 3 a 8 sesiones, seguidas de una conclusión. Estas personas se sumergen en el abismo del rechazo, enfrentando sus abusos pasados y trabajando a través del dolor. Abordan traumas infantiles, logrando un progreso significativo. Operando dentro del ámbito de la carne, abordan las secuelas psicológicas de su trauma y emergen relativamente mejorados. Sin embargo, su viaje toma un giro espiritual cuando se encuentran con una barrera formidable.

Profundizando más, chocan con un impase espiritual. Su resistencia a abrazar a Dios permite que Satanás obstruya una sanación genuina y profunda. Él prospera en su oscuridad, asegurándose de que permanezca intacta. El miedo es una herramienta muy efectiva para evitar eliminar la oscuridad más arraigada. Sin la autoridad para expulsar la presencia de Satanás debido a su negativa a reconocer a Dios, permanecen atrapados. A menudo afirmarán algún tipo de triunfo a través de sus experiencias con los hongos, aunque su entusiasmo podría no ser tan pronunciado. En su interior, albergan la conciencia de que encontraron algo significativo. Lo vislumbraron, pero persistió la incertidumbre sobre cómo navegarlo, lo que los llevó a optar por dejarlo intacto y continuar con la vida.

He sido testigo de casos en los que Dios permite a las personas librarse de ciertos demonios, incluso antes de aceptarlo en sus vidas. Su amor infinito lo concede, lo que les posibilita vislumbrar la verdad espiritual. Esto ocurre para unos pocos selectos, generalmente pueden eliminar los demonios que ejercen la influencia más fuerte en la superficie. Consideremos el ejemplo del demonio de odio, una fuerza maligna y opresiva. Al eliminar el odio, se crea espacio para que emane el amor, según la elección del individuo, por supuesto. Sin embargo, no se equivoquen, si no se preocupan por acoger a Dios, el demonio del odio regresará rápidamente.

Mateo 12:43-45 dice: *"Cuando un espíritu maligno sale de una persona, va al desierto en busca de descanso, pero no lo encuentra. Entonces dice: 'Volveré a la persona de la cual salí'. De modo que regresa y encuentra su antigua casa vacía, barrida y en orden. Entonces, el espíritu busca a otros siete espíritus más malignos que él, y todos entran en la persona y viven allí. Y entonces esa persona queda peor que antes. Eso es lo que le ocurrirá a esta generación maligna".*

La Biblia es clara en esto: puedes eliminar al demonio, pero Dios necesita llenar el vacío que queda atrás. Sin Su presencia, la oscuridad puede regresar e influenciarte aún más. A continuación, exploraremos el tercer camino que algunos recorren.

Tercer Camino: Este es el camino "iluminado", donde encontrarás a personas espirituales. Se conectan con la naturaleza, sienten la energía de la fuerza vital a su alrededor y abogan por el amor y la unidad entre todos. Es un camino por el que Satanás lleva a las personas, una desviación sutil del camino hacia la verdad. Casi todos los empáticos y aquellos sensibles al espíritu caen en este engaño. Amar a los demás y conectarse con la belleza de la naturaleza son nociones loables, ¿verdad? Ciertamente. Sin embargo, el mayor engaño de Satanás en este camino involucra disfrazar a los demonios como ángeles. Sí, lo leíste correctamente. Explotan el nombre mismo de los seres que moran con Dios como una herramienta poderosa para atrapar a personas desprevenidas.

"Pero eso no puede ser cierto", podrías argumentar, pensando que esta verdad ha ido demasiado lejos. El amor, la unidad, la conectividad y la espiritualidad son inclusivos, ¿verdad? Volvamos a la Biblia por un momento para reforzar esta verdad. En 2 Corintios 11:14, Pablo habla de los falsos profetas y dice: *"¡Pero no me sorprende para nada! Aún Satanás se disfraza de ángel de luz"*. ¿Cómo ocurre esto? Después de presenciarlo desde el lado espiritual, revelaré la verdad detrás de este engaño. Cada uno de nosotros lleva un fragmento de Dios en su interior. Todos somos creados por él, y dado que Dios es luz, inherentemente poseemos esa luz divina. A medida que eliminamos capa tras capa de oscuridad a través de la sanación, esta luz interior brilla con mayor intensidad en nosotros.

Toma tu teléfono celular y activa la linterna. Sí, ahora mismo, por favor. Con la luz brillando lejos de ti, coloca tu mano a unos 5 - 7 centímetros frente a la luz. ¿Notas cómo la luz se refleja en tu mano, intensificando su brillo?, ¿tu mano es la fuente de esa luz brillante? Ciertamente no; solo está reflejando la luz de la fuente real. Para los empáticos y aquellos en un viaje espiritual, así es como Satanás se les aparece como un ángel de luz. Es tan solo un reflejo de él, que percibimos como iluminación. Este engaño es profundamente astuto.

No puedo contar los innumerables engaños que he encontrado en este viaje. Satanás y su legión son implacables en su astucia. Han engañado y extraviado a todas las personas que conozco innumerables veces. Una vez, estaba ayudando a una amiga a eliminar algunos demonios, una tarea físicamente agotadora. Ella no podía liberarlos, así que tuve que hacer la mayor parte del trabajo. Después de unos 40 minutos de labor, escuché una voz que decía: "Hijo, has trabajado diligentemente hoy. Ambos merecen descansar. Gracias por tus incansables esfuerzos". Pensé para mí mismo: "Claro, estoy exhausto y si Dios quiere que descanse, entonces descansaré. Después de todo, hemos logrado un progreso significativo hasta ahora". Pronto descubrí que esto era un engaño diseñado para impedirme eliminar más oscuridad.

Al principio de este camino, Dios me había enseñado cómo poner a prueba las voces que escuchaba. Cómo discernir Su voz por encima de todo el ruido. Con el tiempo, te familiarizas con la voz de Dios. Sin embargo, al principio, cuando escuchas en el espíritu, el susurro es más tenue, y distinguir lo que escuchas es un desafío. Los demonios son maestros del engaño; no te ordenarán que ofrezcas a tu primogénito como sacrificio a ellos en un altar. En cambio, te seducen con un desvío sutil que puede sonar atractivo pero te aleja lentamente de Dios. ¿Por qué la bruja que mencioné antes sugirió encender velas a los santos católicos?, ¿te estás enfocando en Dios, o te estás dejando llevar por la ligera desviación de idolatrar a personas fallecidas que caminaron por la Tierra?

¿A quién le rezas?, ¿rezas a otro ser humano fallecido? ¿Qué? ¡No! ¡Eso es un completo sinsentido! ¿Y qué hay de María, la madre de Jesús?, ¿y de los santos? Estas son solo ligeras desviaciones del camino de Dios. ¿Qué pasa con la madre naturaleza?, ¿intentas conectarte con la creación en lugar de con el Creador?, ¿te estás enfocando en árboles y plantas más que en Aquel que los diseñó? Estas son desviaciones menores, pero suficientes para alejarte de la eternidad con Dios.

Es similar a practicar tiro al blanco con un arco y una flecha. Desde el momento en que la flecha sale de la guía del arco, la trayectoria del vuelo se dirige hacia donde estaban apuntando las miras en ese momento. Si las miras están a 3 milímetros del centro cuando se lanza la flecha, la trayectoria de la flecha puede perder el objetivo por completo. Eso es todo lo que Satanás tiene que hacer. Desviar tu mirada de Dios solo un poco, y te tiene fuera de rumbo cuando respiras tu último aliento.

Uno de los engaños encontrados en este camino es "no hay ni bien ni mal". Una vez que Satanás los convence de que todo es amor y belleza, dejan de buscar la oscuridad dentro de ellos. Esto crea un refugio seguro para que Satanás opere, sin temor a ser descubierto.

Las personas que siguen el tercer camino nunca encontrarán la verdad sobre la oscuridad. Si no pueden encontrarla, no pueden eliminarla. La oscuridad girará, se moverá y cambiará de lugar dentro del cuerpo, pero la verdadera y profunda oscuridad, la fuente, nunca se irá. Aquellos en este camino aceptan la creencia de que "nunca nadie puede sanarse en realidad. La sanación es un camino en el que estarás hasta la muerte". Es una mentira profundamente arraigada dentro de ellos, que los lleva a embarcarse en más rituales de sanación y engaño. Satanás les dará un respiro momentáneo de su dolor y trauma, y alguna sanación superficial los mantendrá creyendo en la mentira. Pero la salvación les eludirá, y Satanás siempre se asegurará de que esté justo fuera de su alcance.

A continuación, vamos a profundizar en el cuarto y último camino que desempeña un papel crucial en el proceso de sanación psicodélica.

Cuarto Camino: Dentro de nuestro grupo de personas en proceso de sanación, tenemos 91 individuos que han completado con éxito 432 sesiones. Un asombroso 96% de ellos han caído en los primeros tres caminos. Solo el 4% han seguido este cuarto camino de sanación. Sin lugar a dudas, es el viaje más desafiante y exigente de emprender. El nivel de ataques, mentiras y engaños es desconcertante. Fue en este cuarto camino donde fui robado, estafado y casi pierdo la vida. ¿Por qué es este camino tan peligroso? Porque aquí es donde se desentierra la mentira.

Este camino conduce a la verdad. ¿Es la verdad todo sobre arcoíris, unicornios, sol y flores? No, ese es el engaño. La verdad real es que Satanás ha contaminado completamente la creación. Su oscuridad penetra por todas partes. Una vez que te vuelves consciente de esta oscuridad interna, te conviertes en una amenaza significativa para Satanás. Pero, ¿por qué solo un pequeño porcentaje llega al cuarto camino? Porque tú, por tu cuenta, no puedes alcanzar este camino. Sí, es correcto. No puedes lograrlo.

Tu fuerza es insuficiente para atravesar la oscuridad e iluminar la verdad. Solo Dios posee el poder y la fuerza para revelar las profundidades de la oscuridad. Satanás es sumamente inteligente, astuto y engañoso. Incluso acercarse a su oscuridad para eliminarla está más allá de tu capacidad. Él ha perfeccionado sus habilidades en el engaño durante miles de años. Ha matado a innumerables profetas, discípulos e incluso al propio hijo de Dios por atreverse a revelar la verdad. ¿Y qué hay acerca de ti? Ya sea que hayas estado en este viaje de sanación durante 1, 2, 5 o incluso 10 años, importa poco. Incluso si le has dedicado 50 años a este camino no eres rival para la maestría de Satanás en el engaño.

¿Y si no creo en Dios o no tengo ningún deseo de hacerlo? En ese caso, Satanás ya ha triunfado. Te ha persuadido de abrazar una gran mentira que te costará caro. Tal es su habilidad para contaminar la creación y alejar a los hijos de Dios de Él. En el mejor de los casos, permanecerás en el tercer camino, solo para enfrentar la verdad tras la muerte, cuando sea demasiado tarde para ti.

A través de los psicodélicos, solo se puede encontrar la verdad en un camino. Puedes sanar algo de dolor y aliviar algo de ansiedad a través de los otros tres caminos. Solo con un corazón abierto hacia Dios sabrás en qué camino te encuentras. Estos son los indicadores de cada camino, pero el corazón revela todo lo que hay dentro de un hombre. Así que hazte esta pregunta tan importante: ¿Dónde está mi corazón en este viaje?

Después de escribir sobre el cuarto camino, me fui a la cama. Durante la noche, tuve una visión, y Dios me dijo que proclamara lo que había visto al mundo. Entonces aquí estoy escribiendo esto a primera hora de la mañana mientras todo está aún fresco. Esta es la visión:

La Visión

Visión: Me encontré a mí mismo en lo profundo de una prisión. Escuché ruidos de golpes e intenté ubicar su origen. Después de varios intentos, miré a través de un pequeño orificio. Tres personas estaban allí, empuñando un martillo y un cincel, golpeando incansablemente el centro de la estructura. Finalmente, un trozo más grande de lo esperado se desprendió y cayó a pocos metros de distancia. Desde el punto de impacto, noté pequeñas grietas en forma de líneas delgadas extendiéndose hacia afuera. El daño que habían causado fue catastrófico para la integridad de la prisión.

Lleno de pánico, corrí tratando de encontrar a mis amigos para advertirles sobre el colapso inminente. Llegué a una puerta que estaba cerrada con candado. Algunos de mis amigos eran visibles, vestidos con uniformes de guardia. Grité sus nombres, pero solo una de ellos respondió. Ella se acercó a la puerta y les grité con urgencia a todos los que pude: "¡La estructura se está derrumbando, debemos irnos ahora!" Ella abrió la puerta, y entramos en la estructura para escapar por la parte trasera.

Navegando a través de escombros y obstáculos, huimos por la parte de atrás mientras otros también intentaban escapar. La estructura en colapso atrapó a algunos, mientras que otros creyeron erróneamente que estaban a salvo dentro de ella. Vi cómo se quedaban atrás mientras salíamos del edificio. Una vez en un campo detrás de la prisión, muchas personas se detuvieron, pensando que ahora estaban fuera de peligro.

Insté a mi amiga: "No, debemos seguir adelante". Corrimos hasta el borde de un bosque, donde solo había unas pocas personas más. Mirando hacia atrás a la prisión, vimos a miles de personas que habían subido al techo gritando pidiendo ayuda. A medida que el edificio colapsó, desapareció de la vista, llevándose a miles consigo. Mi amiga se volvió hacia mí y dijo: "Gracias por salvarme". Yo respondí: "Fuiste salvada debido a tu corazón".

De repente, mientras concluíamos nuestra conversación, comenzó un deslizamiento de tierra. La prisión se estaba derrumbando en un enorme agujero que engullía la tierra circundante. Todos los que se habían detenido en el campo, creyendo que estaban a salvo, fueron arrastrados. El suelo bajo nosotros cedió, y fuimos arrastrados hacia el agujero. No obstante del caos circundante, había una profunda sensación de que Dios nos estaba protegiendo de la destrucción, a pesar de que nos vimos afectados por ella.

A medida que el enorme agujero se llenó de tierra, nos detuvimos. Estábamos hundidos hasta la cintura en tierra y escombros, pero de alguna manera a salvo. Mientras contemplábamos la escena, detecté un fuerte olor a alcantarilla en el aire circundante.

Esa fue la visión. Por la mañana, le pedí a Dios la interpretación, como lo ha hecho tantas veces con mensajes para las personas.

Interpretación: La prisión representa la Tierra misma. Las figuras que trabajaban golpeando incansablemente el núcleo, con el fin de destruirlo representan a los demonios, agentes de Satanás que trabajan incansablemente para la destrucción de la Tierra. En un estado espiritual, Dios me concedió vislumbrar a través de las grietas, presenciando sus acciones. Él las reveló a través de mí, instándome a advertir urgentemente a cualquiera que pudiera alcanzar.

Las puertas de la prisión cerradas con candado simbolizan los confines de la carne. Me encontré atrapado por las limitaciones del mundo físico, incapaz de liberarme. Llamé a mis amigos, y solo una pudo escuchar mis súplicas. Los uniformes de guardia que llevaban representan la autoridad, el poder inherente que cada persona posee para determinar su camino en esta Tierra. Su autoridad individual, basada en el libre albedrío, superó la mía, por eso no les importó mi advertencia.

Escapar de la prisión en medio de los escombros y estructuras colapsadas representa una destrucción inminente que caerá sobre la Tierra. Las personas que corren pero se detienen de forma prematura simbolizan a aquellos que no heredarán el reino de Dios. Para reclamar esa herencia, uno debe persistir hasta el final sin titubear. Algunos pueden correr más lejos que otros y usar eso como medida de su bondad. Sin embargo, ellos también serán arrastrados, ya que Dios nunca los reconoció verdaderamente. Nunca llegaron a Él. Estas son las personas que creen erróneamente que el simple hecho de hablar de Dios o realizar buenas obras es suficiente para su salvación.

Mateo 7:22-23 dice: *"El día del juicio, muchos me dirán: ¡Señor, Señor, profetizamos en tu nombre, expulsamos demonios en tu nombre e hicimos muchos milagros en tu nombre!' Pero yo les responderé: 'Nunca los conocí; aléjense de mí, ustedes, que violan las leyes de Dios"*.

El bosque al que llegamos simboliza nuestra llegada al destino que Dios había planeado para nosotros. La salvación de mi amiga fue el resultado de su corazón recto y su alineación con la voluntad de Dios. El deslizamiento de tierra subsiguiente representa una segunda ola de destrucción que ocurrirá inmediatamente después. Aunque aquellos que están firmemente arraigados en Dios sentirán la tierra temblar bajo sus pies y sentirán el impacto de la destrucción, permanecerán bajo su escudo protector.

El fuerte olor fétido al final de la visión fue el olor de la muerte contaminando el aire. Las vidas en descomposición que alguna vez existieron. Al final de la interpretación, Dios me aseguró que seré testigo de esta visión durante mi vida. Esta visión está destinada a aquellos que escucharán y atenderán su mensaje. A medida que los tiempos se vuelven cada vez más difíciles, es imperativo que permanezcas firme en la búsqueda de Dios hasta el final; de lo contrario, podrías encontrarte arrastrado por el caos del mundo.

Empáticos, Brujas Y Profetas

En un mundo donde la comprensión científica evoluciona constantemente, un fenómeno que sigue cautivando a investigadores e individuos por igual es la misteriosa naturaleza de los empáticos. Estos individuos únicos poseen una habilidad extraordinaria para percibir de manera innata y profunda las emociones y sentimientos de quienes les rodean. Aunque la ciencia ha avanzado significativamente en descifrar las complejidades de la empatía, muchos aspectos de este fenómeno continúan envueltos en fascinación.

Los empáticos, como se les conoce más recientemente, parecen tener una sensibilidad innata a los estados emocionales de los demás. A menudo pueden captar sutiles señales en el lenguaje corporal, las expresiones faciales, el tono de voz e incluso los patrones de energía. Esta mayor conciencia les permite no solo comprender las emociones de las personas que los rodean, sino también experimentar esas emociones como si fueran propias.

En el núcleo de las habilidades empáticas se encuentra el concepto de las neuronas espejo, células cerebrales especializadas que se activan tanto cuando realizamos una acción específica como cuando observamos a alguien más realizar esa misma acción. Estas neuronas crean un puente entre el yo y los demás, permitiendo a los empáticos simular en sus mentes las experiencias emocionales de aquellos con quienes interactúan. Es como si su cableado neuronal difuminara las fronteras emocionales individuales, dando como resultado una resonancia emocional casi perfecta con los demás.

Investigaciones recientes en neurociencia sugieren que los empáticos podrían tener patrones únicos de activación y conectividad cerebral. Los estudios han revelado diferencias en las regiones cerebrales asociadas con el procesamiento emocional, como la ínsula anterior y la corteza cingulada anterior. Se cree que estas áreas desempeñan un papel fundamental en el reconocimiento y la experimentación de las emociones, lo que proporciona una posible base neuronal para las habilidades empáticas.

Sin embargo, el viaje científico hacia la comprensión de los empáticos está lejos de ser concluyente. Persisten preguntas sobre los factores genéticos, neuronales y ambientales precisos que contribuyen a que alguien se convierta en un empático. Mientras que algunos creen que la predisposición genética podría influir en el desarrollo de rasgos empáticos, otros especulan que la primera infancia y la crianza social también podrían desempeñar un papel significativo.

Las experiencias de los propios empáticos proporcionan conocimientos valiosos. Muchos informan que su capacidad para sentir profundamente las emociones de los demás puede ser tanto una bendición como un desafío. Por un lado, les permite forjar conexiones profundas, ofrecer un apoyo incomparable y navegar con destreza en dinámicas sociales complejas. Por otro lado, esta intensa sensibilidad emocional puede provocar agotamiento emocional, dificultad para distinguir sus propios sentimientos de los que pertenecen a los demás y la necesidad de soledad para recargarse.

En un mundo donde la comprensión y la empatía son valoradas, los empáticos sirven como recordatorios vivientes del poder de la conexión emocional. Sus habilidades pueden ayudar a crear puentes en la comunicación y fomentar una comprensión más profunda de diversas perspectivas. En entornos terapéuticos, los empáticos pueden ser increíblemente efectivos para ayudar a otros a procesar sus emociones y encontrar consuelo en momentos de angustia.

A medida que la ciencia continúa explorando la mente humana y las emociones, el fenómeno de los empáticos sigue siendo un área de estudio cautivadora. Si bien nuestra comprensión sin duda ha crecido, aún queda mucho por descubrir sobre las complejidades de esta habilidad única. A medida que los investigadores profundizan en la neurociencia de la empatía y sus variaciones, las historias y experiencias de los propios empáticos seguirán dando forma a nuestra comprensión evolutiva de lo que realmente significa conectarse con otros a nivel emocional. Esa es la comprensión del mundo sobre un empático. Ahora, profundicemos en la verdad de lo que realmente es un empático.

Empáticos: La Verdad Revelada

Los empáticos son individuos que poseen una profunda conexión con su espíritu. Es crucial comprender que fuimos creados en el reino espiritual y eventualmente regresaremos a él. Nuestros cuerpos físicos, simples recipientes temporales, albergan nuestro viaje hacia el destino espiritual que elegimos una vez que termine nuestra existencia terrenal. Es imperativo reconocer que somos seres espirituales dentro de cuerpos, no meros cuerpos con espíritus.

El rasgo único de un empático radica en su conexión intensificada entre su mente y su espíritu, superando con creces la norma. Es dentro del ámbito espiritual donde se revelan todas las verdades. Nuestros espíritus, en armonía entre sí, se entrelazan y se conectan. Según los científicos, somos energía. Se ha especulado, proponiendo que la energía que emana de los demás es lo que un empático percibe cuando está cerca. Esta profunda conexión que compartimos con los demás encuentra sus raíces dentro del espíritu. Lamentablemente, la mayoría de las personas permanecen desconectadas de su ser espiritual. Limitadas por el ego, atrapadas por la mente y el cuerpo, ven a través de los ojos físicos y escuchan a través de sus oídos físicos. Las percepciones sensoriales apresuradas del cuerpo han eclipsado la sensibilidad hacia el espíritu. Entonces las personas exigen escuchar "te amo" en voz alta, incapaces de percibir el amor que ya está conectado a través del espíritu.

Dios ha creado deliberadamente un grupo selecto de personas que se conectan con una sensibilidad incomparable con su espíritu. Esta creación en particular le otorga a Dios una voz en la inmensidad de

Su creación si las personas eligen escucharlo. Estos individuos están divinamente equipados para comunicarse de manera directa con Él, convirtiéndose en recipientes para transmitir mensajes de esperanza y amor. En tiempos bíblicos, eran conocidos como profetas.

Sin embargo, surge la pregunta: ¿qué desvía a un empático destinado a forjar una conexión extraordinaria con Dios? La respuesta: Satanás. Desde el principio, Satanás identifica a estos individuos como objetivos principales, dado su inmenso valor potencial. Satanás también vive en el reino espiritual, con acceso a toda la creación. Reconociendo que la intervención temprana es vital, busca atrapar a los empáticos para sus propios propósitos oscuros.

Entonces, ¿cómo lo hace? El Príncipe de las Tinieblas primordialmente se dirige a los empáticos a través de su principal fuente de influencia durante sus primeros años: sus padres. Dios protege la salvación de un niño hasta que llega a la conciencia, lo que de manera general ocurre alrededor de los 12 años, a partir de ese momento, deben elegir a Dios para su salvación. Consciente de esto, Satanás busca infiltrarse en la vida del empático lo antes posible, sabiendo que sus padres siguen siendo vulnerables a su influencia. A través de diversos medios, como el rechazo, el abandono, la violencia física, la degradación emocional, el abuso sexual y la humillación, Satanás genera un dolor profundo e intenso dentro del niño, una oscuridad lo suficientemente potente como para que él la pueda utilizar cuando el niño alcance la conciencia.

En mi vida, mi padre fue extremadamente abusivo conmigo. Entre mis cuatro hermanos, fui el único receptor constante de golpizas, burlas y abuso emocional. Este dolor infligido fomentó un odio arraigado dentro de mí. Guardaba rencor hacia mi padre abusivo y mi madre, quien no me protegió de su abuso. Sin embargo, he liberado esta oscuridad perdonándolos a ambos. Con el tiempo, comprendí las razones detrás del trato cruel que soporté, a diferencia de mis hermanos. El aislamiento y el abuso emocional que enfrenté fueron herramientas utilizadas por Satanás para manipularme. Estas experiencias fueron orquestadas para preparar el camino para que la influencia de Satanás se apoderara de mí, explotándome para una campaña de desinformación contra Dios.

En el complejo mundo espiritual más allá de nuestra comprensión, se libra una batalla entre la luz y la oscuridad. Los empáticos sirven como conductos a través de los cuales tanto Dios como Satanás se comunican. Dios para hablar la verdad de la esperanza y el amor a Sus hijos, y Satanás para engañar y mentir a las personas que lo escuchan. El viaje del empático serpentea a través del tejido de la espiritualidad, navegando por el campo de batalla entre fuerzas positivas y negativas. Dentro de sus experiencias personales, descubrimos la historia de cómo los empáticos forjan conexiones con el mundo espiritual, dejando un impacto duradero en las luchas en curso de esta vida.

A continuación, profundizaremos en cómo Satanás emplea a los empáticos y a aquellos que son sensibles al espíritu para lograr su objetivo de destrucción completa de la creación.

Revelando Los Secretos:
Espiritualidad-Brujería-Hechicería-Magia

Me siento físicamente enfermo, y estoy casi a punto de vomitar mientras me adentro en esta oscuridad. Sin embargo, me he comprometido a decir la verdad, y la verdad incluye ambos lados de esta guerra espiritual. Si nunca te has aventurado en este territorio, siéntete libre de omitir esta parte. Comprende que el conocimiento íntimo de la oscuridad no es necesario en absoluto para que Dios te sane.

En un mundo guiado por la razón y la comprensión práctica, los conceptos de brujería y espiritualidad a menudo se han encontrado en la encrucijada de la fascinación y el escepticismo. Incrustado en el folklore e historia, el término "brujería" ha evolucionado a lo largo del tiempo, dando forma a percepciones y creencias en todas las culturas. Desde un punto de vista científico, la brujería es una compleja interconexión de psicología, dinámicas sociales, espiritualidad y fenómenos culturales que han suscitado curiosidad e investigación. Pero en su núcleo, es el aprovechamiento de la influencia de Satanás sobre la creación.

En las páginas de la Biblia, los conceptos de hechicería y brujería se entrelazan en la trama de narrativas antiguas, ofreciendo información sobre cómo se percibían estas prácticas dentro del contexto cultural y religioso de la época. La Biblia presenta una mezcla de relatos aleccionadores, eventos históricos y enseñanzas espirituales que arrojan luz sobre las interacciones entre Dios y la verdad espiritual.

A lo largo del Antiguo Testamento, se representan instancias de hechicería y brujería como prácticas contrarias a la voluntad y los mandamientos de Dios. En Éxodo 22:18, el mandamiento *"No dejes con vida a ninguna hechicera"* enfatiza la seriedad de participar en tales prácticas. Esta perspectiva surge de la creencia de que la hechicería y la brujería involucraban la búsqueda de poder sobrenatural a través de medios distintos a la conexión con Dios, desafiando la autoridad y la soberanía de Dios.

La historia de Saúl y la bruja de Endor en 1 Samuel 28 es un notable ejemplo de la postura de Dios ante la brujería. Ante la inminente batalla y la desesperación, el rey Saúl busca a una médium para conjurar el espíritu del difunto profeta Samuel. El pasaje ilustra la naturaleza prohibida de consultar a médiums e intentar comunicarse con los muertos. La narrativa subraya la importancia de depender de Dios para obtener guía y destaca los peligros potenciales de participar en prácticas que eluden su autoridad.

En el Nuevo Testamento, la propagación del cristianismo provocó un cambio de enfoque, pasando de las prácticas antiguas a las enseñanzas de Cristo. Sin embargo, la historia de Simón el mago en Hechos 8 ofrece información sobre cómo se percibía la hechicería en el contexto cristiano primitivo. Los milagros realizados por los apóstoles intrigaron a Simón, un mago de Samaria, y buscó comprar el poder del Espíritu Santo. La reprimenda de Pedro a Simón destaca la incompatibilidad de la hechicería con la obra auténtica de Dios, enfatizando la importancia de la fe genuina y la conexión con Dios sobre la manipulación espiritual.

Si bien la Biblia desaconseja la hechicería y la brujería, también reconoce la existencia de fuerzas espirituales más allá del reino material. El enfoque de la Biblia sobre estos conceptos sirve para enfatizar la supremacía del poder de Dios y la importancia de buscar una relación con Él en lugar de confiar en prácticas que intentan conjurar fuerzas espirituales.

Explorando La Oscuridad: Brujas Y Guías Espirituales

Aunque son distintos, comparten el mismo propósito: apartar al pueblo de Dios de Él. Los guías espirituales o *influencers* espirituales se han convertido en los nuevos agentes de Satanás. Ofrecen engaño al canalizar mensajes de sus propios antepasados o guías espirituales. Por supuesto, a estas alturas, sabes que estos son demonios que se hacen pasar por cualquier ser que sea más atractivo para que las personas se conecten.

Aquí es donde aproximadamente el 98% de los empáticos se encuentran. Una vez que el dolor se ha acumulado dentro de sus cuerpos, Satanás coloca a sus demonios. Ahora se establece una presencia oscura que les permite comenzar la comunicación con el empático. Muchos empáticos se confunden, creyendo que están escuchando voces en su cabeza o volviéndose locos. Algunos incluso se aíslan de la sociedad para escapar de las voces o para evitar conectarse con otros. Los empáticos son particularmente susceptibles a la influencia de pensamientos autodestructivos, los demonios a menudo se manifiestan como una voz oscura, persuadiéndolos de que la vida no vale la pena, instándolos a irse y olvidar esta existencia. Promueven el suicidio como una vía de escape viable de este mundo.

Luego, están otros empáticos que abrazan este camino y la oscuridad a la que conduce. Su ego se hincha al darse cuenta de su capacidad para conectarse con lo sobrenatural. Obtienen información sobre las personas, vislumbran eventos "futuros" y ofrecen recomendaciones para sanar. Atraen a las personas hacía ellos debido a su conocimiento aparentemente sobrenatural. Estos empáticos se convierten en herramientas poderosas para Satanás. Atraen a las personas con sus habilidades especiales y su información sobre lo invisible. A través de estos empáticos, la campaña de desviación de Satanás gana un impulso significativo.

Al contemplar esta narrativa, nos encontramos con una verdad sobria. Las elecciones hechas por los empáticos tienen el poder de definir su influencia espiritual en esta vida. Esta narración sirve como una advertencia, instándonos a discernir las fuerzas en juego y reconocer la importancia de salvaguardar nuestra conexión espiritual con Dios del llamado seductor de Satanás. En esta convergencia de caminos, la batalla entre la luz y la oscuridad continúa desarrollándose, recordándonos la lucha duradera de Dios por nuestra salvación.

¿Recuerdas a la bruja que encontramos anteriormente en este libro? La extrema pobreza y los problemas persistentes marcaron su vida. A pesar de poseer un "don especial" para ayudar a las personas a través de su conexión con el otro lado, su existencia estaba llena de angustia. Las enfermedades la aquejaban con frecuencia, y su salud se deterioró en sus treintas. La amenaza de perder su trabajo la acechaba constantemente.

Ella guiaba a su esposo en las decisiones de la vida, sus hijos comenzaron a escuchar voces de sus propios "guías espirituales" y ella los alentó a abrazar estas voces. En una ocasión, su hija fue objeto de burlas en la escuela, y en respuesta, maldijo a una persona por ello. Si bien no recuerdo las repercusiones precisas, creo que quien fue el objetivo de la maldición sufrió una caída y se rompió el brazo al día siguiente. La bruja se enorgulleció inmensamente del poder aparentemente potente de su hija de 12 años.

¿Cómo se manifiestan tales acontecimientos?, ¿este poder es auténtico?, ¿cómo transmiten los demonios información específica a esta bruja, como la persona por quien yo sería robado, que finalmente termina materializándose? ¿Cómo obtuvo la bruja información sobre mi pasado, que no podría haber conocido a través de medios convencionales?, ¿están dotados de habilidades sobrenaturales?, ¿pueden prever el futuro? Estas preguntas, entre otras, encontrarán su respuesta en los siguientes capítulos.

1 Timoteo 4:1: *"Ahora bien, el Espíritu Santo nos dice claramente que en los últimos tiempos algunos se apartarán de la fe verdadera; seguirán espíritus engañosos y enseñanzas que provienen de los demonios."*

Chakras: Desenmascarando El Engaño Y Buscando La Verdad

Los chakras, originarios de las antiguas tradiciones espirituales de oriente, se cree que existen dentro del cuerpo humano. Este concepto está profundamente arraigado en prácticas como el yoga y la meditación. El término "chakra" se deriva de la palabra sánscrita que significa "rueda" o "disco", reflejando la naturaleza giratoria de estos puntos de energía y su papel en el mantenimiento de una conexión armoniosa entre el cuerpo, la mente y el espíritu.

Según la creencia, hay siete chakras principales ubicados a lo largo del eje central del cuerpo, desde la base de la columna vertebral hasta la coronilla de la cabeza. Cada chakra está asociado con un color, vibración y aspecto específico de la experiencia humana, representando una esfera única de influencia en nuestro bienestar.

La creencia en los chakras enfatiza el flujo de energía vital a través de estos centros de energía. Se piensa que cuando los chakras están en equilibrio y la energía fluye libremente, contribuye al bienestar físico, emocional y espiritual. Sin embargo, los bloqueos o desequilibrios en estos centros de energía pueden causar diversas formas de malestar, enfermedad o desarmonía espiritual.

Prácticas como la meditación, el yoga y la "sanación energética" tienen como objetivo limpiar y equilibrar los chakras, fomentando un flujo óptimo de energía en todo el cuerpo. La visualización, la respiración y la intención focalizada se utilizan a menudo para dirigirse a chakras específicos y abordar sus aspectos asociados de la vida.

Esta es otra tentadora desviación de Dios que somos propensos a encontrar. Todos los *'influencers* espirituales' tienden a recomendar esto como un medio para conectarse con uno mismo. Uno de los regalos iniciales que me dio la bruja fue una taza de café personalizada. Tenía chakras en un lado y mi nombre en el otro. Según el consejo de su 'guía espiritual', se me recomendó que me enfocara más en mis centros de energía. ¿Suena como un buen consejo, verdad? Bueno, si eres Satanás tratando de alejar a las personas de comunicarse con un Dios que ofrecería salvación, entonces sí, sería considerado un consejo fantástico.

RECUERDA: CUALQUIER COSA, POR MUY SUTIL QUE SEA, QUE DESVÍE TU ATENCIÓN DE DIOS, SERÁ USADA EN TU CONTRA. Preguntas sobre los chakras suelen evocar esta respuesta de mi parte: Solo una bruja y un demonio me han instruido alguna vez a seguir su guía sobre los chakras, y NUNCA he encontrado ninguna mención de los chakras en la Biblia.

Desenmascarando Ilusiones: El Engaño De Que No Hay Bien Ni Mal En El Mundo

Encontrarás esta perspectiva dentro de los ámbitos de sanación espiritual: "No hay bien, no hay mal. Son solo abstracciones de la mente diseñadas para generar dolor y sufrimiento". Puede parecerte profundo, un concepto digno de abrazar. Después de todo, si no hay noción de mal, entonces tal vez estoy protegido de mi sufrimiento. Según este concepto, creamos todo el sufrimiento desde adentro, una ilusión de la mente. Podría simplemente ajustar mi mentalidad y pasar por alto actos de asesinato, violación, abuso infantil y todas las demás atrocidades bajo el sol. Por otro lado, tampoco hay concepto de bien. Si el concepto de bien puede ser eliminado de la mente, entonces no hay fuente de esperanza en Aquel que encarna la bondad.

Sin embargo, hay un engaño hábilmente tejido en esta narrativa, deslizado en la misma estructura de los círculos de sanación, y sirve para ayudar al punto de apoyo de Satanás dentro de ti. Al descartar la existencia del mal, efectivamente te desanima de buscarlo. Sin que tú lo busques, no hay forma de que lo elimines. Entonces, Satanás tiene un lugar seguro desde donde trabajar. Proporcionamos una plataforma para la difusión de su engaño. Esta perspectiva de "no hay bien ni mal" puede parecer liberadora, pero oculta un propósito oscuro que permite a Satanás mantener su control sobre ti.

Siervos De La Oscuridad: Revelando A Los Demonios De Satanás

En la antigua tierra del Edén, el susurro engañoso de una serpiente marcó el primer encuentro de la humanidad con la oscuridad espiritual. A partir de ese momento, la contaminación de la oscuridad se extendió a lo largo de las páginas de nuestra historia, presentándonos a un ejército de maldad conocido como demonios. Estos seres, entrelazados de forma intrincada en la trama de las Escrituras, han desempeñado un papel tanto amenazante como perjudicial en la historia de la creación.

No fue hasta los relatos del Evangelio que el escenario se iluminó realmente, revelando la lucha de poder entre la luz y la oscuridad, como se encarnó en las interacciones de Jesús con los demonios en el Nuevo Testamento:

Mateo 9:32-33: *"Mientras ellos salían, le llevaron un mudo endemoniado. Así que Jesús expulsó al demonio y el que había estado mudo habló; la gente quedó asombrada y decía: Jamás se ha visto nada igual en Israel."*

Mateo 17:14-21: *"Cuando llegaron a la multitud, un hombre se acercó a Jesús y se arrodilló delante de él. Y dijo: 'Señor, ten compasión de mi hijo. Le dan ataques y sufre terriblemente. Muchas veces cae en el fuego o en el agua. Se lo traje a tus discípulos, pero no pudieron sanarlo.'*

'¡Ah, generación incrédula y malvada!' Respondió Jesús. '¿Hasta cuándo tendré que estar con ustedes? ¿Hasta cuándo tendré que soportarlos?

Tráiganme acá al muchacho' Jesús reprendió al demonio, el cual salió del muchacho, y este quedó sano desde aquel momento.

Después los discípulos se acercaron a Jesús y, en privado, preguntaron: ';Por qué nosotros no pudimos expulsarlo?' 'Por la poca fe que tienen'. Respondió. 'Les aseguro que si tuvieran fe tan pequeña como una semilla de mostaza, podrían decirle a esta montaña: «Trasládate de aquí para allá» y se trasladaría. Para ustedes nada sería imposible. '"

Junto con el ministerio de Jesús en los evangelios, hay varios relatos adicionales de interacciones con demonios en el Nuevo Testamento. Estos encuentros destacan las batallas espirituales en curso y la autoridad de Dios sobre los demonios de Satanás.

El Nuevo Testamento ilustra que el conflicto con las fuerzas demoníacas no terminó con el ministerio de Jesús, sino que continúa hasta hoy. Los siguientes versículos del Nuevo Testamento confirman que la lucha con los demonios persiste en la vida de los hijos de Dios:

1 Pedro 5:8-9: *"¡Estén alerta! Cuídense de su gran enemigo, el diablo, porque anda al acecho como un león rugiente, buscando a quién devorar. Manténganse firmes contra él y sean fuertes en su fe. Recuerden que su familia de creyentes en todo el mundo también está pasando por el mismo sufrimiento."* Este versículo sirve como recordatorio de que los creyentes deben permanecer vigilantes contra los planes del enemigo, sugiriendo una lucha espiritual continua.

Efesios 6:12: *"Porque nuestra lucha no es contra seres humanos, sino contra poderes, contra autoridades, contra potestades que dominan este mundo de tinieblas, contra fuerzas espirituales malignas en las regiones celestiales."* Este versículo destaca la batalla espiritual continua que enfrentamos contra las fuerzas oscuras.

En la región de Gadara, los Evangelios de Mateo, Marcos y Lucas relatan una historia inquietante. Dos hombres poseídos por demonios, que vivían entre las tumbas se encontraron con Jesús en un enfrentamiento que sacudió los cimientos de nuestra realidad. Las palabras de Jesús fueron una orden imperante, atravesando la oscuridad que había atrapado a estos hombres. *"¡Sal del hombre, espíritu inmundo!"* (Marcos 5:8). Con una autoridad sin igual, Jesús expulsó a los demonios, arrojándolos a una manada de alrededor de 2,000 cerdos. Toda la manada se precipitó entonces por la empinada colina hacia el lago y se ahogó en el agua (Marcos 5:13).

El encuentro con Legión, como se identificaron los demonios, mostró el campo de batalla espiritual. Una lucha que no se limita a las batallas terrenales, sino que se libra dentro de la misma esencia del espíritu. El poder de Jesús sobre estas fuerzas malignas demostró que la autoridad suprema reside en Dios.

Avanzando en el tiempo, las escrituras de Pablo revelan dimensiones adicionales de la demonología. En su carta a los Corintios, advierte contra participar en la mesa del Señor y a su vez en la mesa de los demonios, enfatizando el peligro de involucrarse con ambos dominios (1 Corintios 10:20-21). Las implicaciones espirituales de tales interacciones se vuelven evidentes, ilustrando la intrincada interacción entre el bien y el mal, la luz y la oscuridad.

Una conmovedora narración se desarrolla en Hechos 16. En la ciudad de Filipos, una joven poseída por un espíritu de adivinación seguía a Pablo y a sus compañeros, proclamando: *"Estos hombres son siervos del Dios Altísimo y les anuncian el camino de salvación"* (Hechos 16:17). Aunque las palabras parecían verdaderas, la fuente estaba contaminada, ya que la joven era un peón en manos de un demonio engañoso. Cuando Pablo expulsó a ese demonio rompió las ataduras de su posesión, revelando la naturaleza manipuladora de estos demonios y su intento de oscurecer la verdad de Dios.

La revelación aumenta en el Libro de Apocalipsis, un lienzo profético pintado con vívidas representaciones de la guerra espiritual y el desarrollo de los planes de Dios. La visión de espíritus inmundos parecidos a ranas que emanan de las bocas del dragón, la bestia y el falso profeta, significa un enfrentamiento culminante entre las fuerzas de la oscuridad y la luz (Apocalipsis 16:13-14). Estos espíritus engañosos realizan señales, atrayendo e incitando a los gobernantes del mundo a una peligrosa batalla espiritual contra Dios mismo.

A lo largo de las páginas sagradas de la Biblia, los intrincados hilos de la demonología se entrelazan para formar una historia que se extiende desde el principio de la creación hasta el final de la misma. Estos hilos revelan encuentros, advertencias y predicciones que van más allá de lo que podemos ver con nuestros ojos y escuchar con nuestros oídos, dejándonos entrever el mundo espiritual invisible. La presencia de demonios dentro de las páginas de la Biblia sirve como un claro recordatorio, no solo de la existencia de fuerzas malignas, sino también de la autoridad inquebrantable del poder de Dios sobre ellas. Es dentro de este ámbito espiritual que encontramos tanto la lucha eterna entre la luz y la oscuridad como el amor resonante de Dios por Sus hijos.

Ahora, mientras nos preparamos para explorar las profundas implicaciones de estas revelaciones para tu vida diaria, es imperativo abordar este viaje con un corazón abierto y una mente inquisitiva. Te preguntarás, ¿cómo se entrelazan estas verdades con tu existencia moderna?, ¿cuál es la relevancia de estas batallas espirituales entre Dios y Satanás para tu vida cotidiana?

A medida que nos adentramos más en la verdad del asunto, prepárate para un viaje de descubrimiento que puede desafiar tus preconceptos y provocar una introspección más profunda de la que estás acostumbrado. Recuerda, que el camino que tienes por delante es un camino de verdad, y es esencial no permitir que las fuerzas del engaño cierren la puerta a lo que está a punto de revelarse. Mantén tu corazón abierto, tu mente receptiva y juntos descubriremos el profundo significado de estas verdades para ti, un hijo amado por Dios.

Luchando Contra Lo Invisible: Demonios Y Su Influencia Diaria En Ti

Aquí es donde se produce el momento de la verdad. Aquí es donde tus decisiones diarias en la vida, lo que haces y cómo lo haces, junto con las influencias de la oscuridad, colisionan.

En el mundo espiritual, más allá de nuestra percepción inmediata, se libra una batalla. Una batalla que trasciende lo físico, lo tangible y lo comprendido. Es una batalla entre la luz y la oscuridad, una batalla entre Dios y Satanás, una batalla contra las fuerzas invisibles que buscan infiltrarse en nuestras vidas, mentes y espíritus. Esta es la batalla contra los demonios y su influencia diaria en nosotros.

Los demonios son una realidad que se ha tejido en el tapiz de la existencia humana desde el principio. En Génesis 3:22, Dios dice: *"El ser humano ha llegado a ser como uno de nosotros, pues tiene conocimiento del bien y del mal"*. Ese conocimiento no era una influencia mística externa. Esa elección, esa decisión que cambió para siempre el curso de la humanidad, fue interna. Le dio acceso a nosotros a Satanás. Del mismo modo en que Dios está en espíritu y vive en aquellos que lo eligen, también lo hace Satanás. Nuestro conocimiento del mal proviene de dentro de nosotros. Viene de demonios enviados para destruirnos utilizando cualquier medio posible. Ya sea que elijamos o no reconocer su existencia, están ahí, acechando en las sombras y susurrando sus engañosas mentiras en nuestras mentes inconscientes.

Imagina esto: Es un nuevo día, los suaves rayos del sol pintan un lienzo de infinitas posibilidades. Sin embargo, al entrar en tu rutina diaria, permaneces felizmente inconsciente de las fuerzas invisibles que actúan, moldeando tus pensamientos, emociones y acciones. Tal vez le gritas a alguien por una ofensa menor o te adelantas impacientemente en una fila, todo parece típico en nuestra ajetreada vida diaria. Lo que quizás no te des cuenta es que los demonios son maestros del disfraz, asimilándose sin problema en la rutina de la conmoción de la vida. Se aprovechan de nuestras debilidades, explotan nuestros miedos y juegan con nuestros deseos, ejerciendo su manipulación desde lo más profundo de nosotros.

Su influencia es sutil; un susurro aquí, un empujón allá. Es la persistencia de ese pensamiento, diciéndote que te aferres a tu enojo, alimentes tus rencores y dejes que el resentimiento crezca. La auto-duda que se cuela cuando menos te lo esperas, erosionando tu confianza y socavando tu potencial. Es la tentación insidiosa que te atrae hacia comportamientos destructivos, convenciéndote de que solo un poco más de (llena el espacio en blanco) no te hará daño. Los demonios prosperan en el caos, la confusión y la división, sembrando semillas de discordia en nuestras relaciones, nuestra comunidad e incluso dentro de nosotros mismos.

Pero la batalla contra estos enemigos invisibles no es una causa perdida. Es una batalla que requiere vigilancia, conciencia y una comprensión más profunda de las fuerzas espirituales que están en juego. Es una batalla que nos obliga a buscar la verdad, a fortalecer nuestra conexión con Dios y a fortificar nuestros corazones y mentes contra su influencia.

A lo largo de la historia, las narraciones de exorcismos, de individuos expulsando demonios, han resonado a través del tiempo. Estos relatos nos recuerdan que tenemos una elección para vencer su control. Sin embargo, luchamos la batalla en las decisiones diarias que tomamos, los pensamientos que entretenemos y las acciones que emprendemos.

He sido testigo de demonios increíblemente poderosos e incluso comandantes en el ejército de Satanás. También me he encontrado con demonios más débiles e incluso arrepentidos ante Dios. Hubo un punto en mi camino en el que los demonios restantes se negaron a irse. Dios había emitido órdenes, pero ellos se resistieron obstinadamente, desafiando Sus mandatos. Dios emitió un decreto final: *"Cualquier demonio que encuentre a mi llegada se enfrentará a juicio".* El pánico se apoderó de los demonios para escapar mientras pudieran, pero para muchos, ya era demasiado tarde.

Cuando la inmensa presencia de Dios se materializó, envió ondas de miedo a través de los demonios. Bloqueó las salidas restantes y comenzó un proceso judicial para cada uno de ellos. *"Demonio de la crítica, ¿qué crímenes has cometido contra la creación?",* resonó poderosamente la voz de Dios. "Mi tarea era influenciar la crítica y menospreciar a otros dentro de la creación". *"¿Cómo cumpliste este papel?",* preguntó Dios. "Lo logré haciendo que creyera que era menos valioso. Ataqué su autoestima y lo hice dudar de su valor en comparación con los que lo rodeaban. Esto lo llevó a menospreciar y despreciar a las personas cercanas para aumentar su propio sentido de valía". Dios escuchó, luego respondió con voz autoritaria y serena: *"Por tus crímenes contra la creación, te condeno a..."* y Dios dictó sentencia sobre el demonio.

Los siguientes demonios se presentaron uno por uno. *"¿Cuáles son tus crímenes contra la creación?"* y ellos confesaban. Demonio tras demonio, Dios emitía juicio, cada uno basado en cargos específicos. A algunos los llamó por su nombre, revelando su conocimiento previo de ellos antes de que eligieran servir a Satanás. Algunos demonios rebeldes se negaron a acercarse a Dios y lo desafiaron. *"¡Ven ante mí ahora!",* Dios ordenó, y ninguno pudo negar Su autoridad. Algunos mostraron un desafío asombroso, derramando odio hacia Dios en sus últimos momentos.

Sin embargo, otros se acercaron a Dios en arrepentimiento. Un par suplicó por misericordia. Él respondió: *"Vienen ante mí ahora, buscando misericordia y perdón. Lo buscan ahora solo porque es su momento para el juicio. Si hubieran venido a mí antes, se los habría concedido. Lo siento, pero serán juzgados por sus crímenes contra la creación",* y Él emitió juicio sobre ellos.

Los juicios variaron y el castigo por sus crímenes no fue el mismo para todos. Para algunos, su existencia dentro de la creación terminó. Para otros, Él creó un reino de oscuridad y los exilió a una soledad eterna en su interior. Lo vi como una celda de prisión de aislamiento flotando en la oscuridad del espacio, lejos de cualquier vida. En cuanto a los demonios más rebeldes y obstinados, Él creó un pequeño espacio impregnado con un fragmento de Su luz y amor. Fueron encerrados en el amor de Dios por la eternidad, una existencia agonizante para aquellos que buscaban la oscuridad.

Una vez, presencié el juicio de un capitán ante Dios. Su crimen contra la creación fue la orquestación de demonios entre individuos. Manipuló las vulnerabilidades de una persona para complementar las de otra, utilizando sus debilidades para crear una interacción destructiva. Observé este esquema desarrollarse en las vidas de personas que buscaban sanación y abrazaban a Dios. Por ejemplo, el demonio de la lujuria en una persona se vincula con el demonio de la inseguridad en otra. "Deséame, quiéreme", susurraba un demonio. En respuesta, el otro repetía: "Te deseo. Te quiero desesperadamente". Este emparejamiento coordinado por el capitán tenía como objetivo destrozar las vidas de ambas personas.

Estos ataques calculados unieron a dos espíritus en una conexión destinada a fracasar. Arraigadas no en el amor, sino en la oscuridad, estas conexiones destructivas dejaron a las personas emocionalmente destrozadas, alimentando más odio y amargura que antes. El dolor que surgía de estas conexiones las alejaba aún más de Dios y de Su amor. Este fue solo un vistazo a las estrategias que un capitán en el ejército de Satanás orquesta para la destrucción del pueblo de Dios dentro de la creación.

Más tarde, al transformarme en un instrumento que Dios podía emplear para expulsar demonios de las personas, mi capacidad para verlos y entenderlos en el espíritu se expandió significativamente. Todos hemos visto películas donde aparece esa risa siniestra, la que te eriza la piel. Inicialmente, sentía su presencia y luego los buscaba. Podía percibir sus intentos de ocultarse en la oscuridad que lleva una persona consigo. Su presencia es una especie de oscuridad que desafía cualquier descripción que haya encontrado.

Cuando los encontraba, casi siempre comenzaban a reírse. Era una risa burlona dirigida a mí y a la persona a la que habían estado atormentando. Se burlaban de la persona, diciendo cosas como: 'Qué tonto, jajajajaja', 'fuiste tan fácil de manipular, jajaja. ¡Eres estúpido y no puedes vivir sin mí!, ¡me necesitas!, nadie te querrá sin mí, jajaja'. Las burlas y la risa siniestra continuaban hasta que abandonaban a la persona, generalmente acompañadas de un fuerte grito.

Al principio, no entendía cómo podían comunicarse a través de mí. Era tan confuso para mí como podría serlo para ti al leer esto y tratar de comprender la verdad espiritual. Dios me había permitido ver la oscuridad para que pudiera dar testimonio de ella. Quería que reconociera al enemigo por lo que era, porque yo iba a luchar contra él.

En el caso de algunas personas, preguntaba: '¿Quieres escuchar lo que están diciendo?' La mayoría de las veces, querían saberlo, y los demonios revelaban cómo habían atormentado sus vidas. Sin embargo, algunos otros, solo querían que se fueran. Pero en general, no disfrutaba darles a los demonios una voz para atormentar a las personas de nuevo. Comprendí que era una temporada de aprendizaje para mí, pero a medida que Dios me otorgaba más autoridad, los demonios se burlaban de mí en su lugar.

"Hijo de Dios, ¿qué estás haciendo aquí?", se burlaban. "Hijo de Dios, ve a otro lugar". Trataban de imitar la voz de Dios para engañarme. "Hijo, lo has hecho bien, descansa", justo cuando estaba a punto de enfrentarme a un demonio más grande que se escondía en las sombras. "Hijo, estoy orgulloso de ti. Eso es suficiente por hoy", decían. Sus engaños eran frecuentes en las etapas iniciales, pero cuanto más te familiarizas con la voz de tu Padre, más débil se vuelve su influencia sobre ti.

Había aprendido un método para distinguir si eran demonios tratando de engañarme o si era realmente Dios hablándome. Una pregunta revelaba consistentemente la verdad: "¿Amas a Jesucristo?" Esta es la única pregunta de verificación cuando se escuchan voces en el mundo espiritual. Es increíblemente difícil de discernir al principio porque las voces son tenues, y SIN DUDA Y ABSOLUTAMENTE TRATARÁN DE ENGAÑARTE. Ningún ser humano nacido en esta tierra está exento de su engaño y sus mentiras.

Tenía una amiga que estaba empezando a escuchar la voz de Dios. Le compartí la única pregunta que sirve como prueba para una voz escuchada en el espíritu. Más tarde, me informó que había escuchado a Dios y le había hecho la pregunta. Su respuesta fue: "Jesucristo es mi hijo". Encontró consuelo en la respuesta y aceptó la guía. Sin embargo, algo seguía sin sentirse bien para ella, así que me pidió que confirmara la respuesta que le habían dado. Me aseguró que la respuesta era buena, indicando que debía haber sido la voz de Dios la que escuchó.

Le pedí que me repitiera la pregunta que hizo: "¿Amas a Jesucristo?", respondió. ¿La voz respondió a esa pregunta?, cuestioné. Ella tartamudeó en sus palabras y repitió la respuesta que había escuchado: "Jesucristo es mi hijo". ¿Esa respuesta tiene que ver con el amor?, inquirí. Gradualmente, la realidad se hizo evidente y se sintió desanimada. "No te sientas mal", la consolé. Los demonios han perfeccionado el arte del engaño durante miles de años y son expertos en el juego.

La simplicidad de la pregunta radica en el amor. Dios responderá la pregunta sin dudarlo y sin reservas hasta que aprendas a reconocer Su voz. "Jesucristo es mi hijo, a quien amo con todo lo que soy", me ha respondido. "Amo a Jesucristo, mi hijo, más profundamente de lo que puedes entender", respondió en otras ocasiones. Amor, el amor es la única respuesta aceptable de Dios.

Los demonios son completamente incapaces de expresar amor y ni siquiera considerarían mentir sobre el amor debido al temor de un juicio inmediato de Dios. Por lo tanto, intentarán varias formas de evitar el tema, pero nunca podrán decir "Amo a Jesucristo" bajo ninguna circunstancia.

A medida que Dios me concedía más autoridad sobre ellos, se volvían más silenciosos en su acoso, ocultándose por temor a ser descubiertos dentro de una persona. Sus burlas hacia mí se desvanecieron en la oscuridad. El simple hecho de eliminar a un demonio no afecta significativamente el propósito general de Satanás, ya que ese demonio simplemente se mueve de una persona a otra, o incluso vuelve a la persona original si dejamos la puerta abierta. Revisemos una vez más Mateo 12:43-45:

"Cuando un espíritu maligno sale de una persona, va por lugares áridos buscando descanso sin encontrarlo. Entonces dice: 'Volveré a mi casa, de donde salí'. Cuando llega, la encuentra desocupada, barrida y arreglada. Luego va y trae a otros siete espíritus más malvados que él y entran a vivir allí. Así que el estado final de aquella persona resulta peor que el inicial. Así le pasará también a esta generación malvada".

Este pasaje revela que los demonios tienden a moverse de un lugar a otro una vez que son expulsados de una persona. Entonces, ¿qué hizo que estos demonios cambiaran su comportamiento cuando fueron descubiertos dentro de una persona? Pues bien, fue el hecho de que Dios me había otorgado la autoridad para enviar a los demonios que fueron expulsados a Él para ser juzgados. Este cambio en las tácticas de Dios transformó por completo sus acciones de simples burlas y risas en un asunto grave de vida o muerte para ellos. La perspectiva de enfrentarse el juicio de Dios ahora era su peor temor y alteró completamente su actitud.

Había una mujer a la que Dios había puesto en mi camino. Era una atea devota, y cuando se mencionaba a Dios, podía sentir el odio y la ira brotando en su interior. Esta mujer sufría de ansiedad, depresión y miedo a todo lo que le rodeaba. Tenía muchos tatuajes y su vida había sido difícil para la mayoría de los estándares.

En un pequeño paréntesis, existen demonios cuya única tarea es alentar a las personas a marcarse el cuerpo. Fuiste creado perfecto a imagen de Dios, y estos entes quieren que desfigures Su creación. Es equivalente a tomar la Mona Lisa y arrojarle pintura encima. No hay ningún juicio en esto, ya que muchas personas tienen tatuajes, pero ilustra lo que está sucediendo espiritualmente.

Un día, teníamos previsto encontrarnos, pero ella me envió un mensaje diciendo que estaba comenzando un ataque de ansiedad y que no creía que pudiera venir. Le aseguré que no había problema y que aún podríamos reunirnos. Ella me había contado antes sobre sus ataques de ansiedad y cómo solía tomar medicación para controlarlos. La medicación la ayudaba a calmarse.

Habiendo visto lo que Dios me había revelado espiritualmente hasta ese momento, estaba profundamente intrigado por descubrir qué había detrás de un ataque de ansiedad. Vino a mi casa, visiblemente agitada y nerviosa. Todo lo que quería hacer era sentarse en el sofá, acurrucarse en una bola. Meciéndose hacia adelante y hacia atrás, abrazó fuertemente sus rodillas, apretándolas contra su pecho.

Me senté a su lado, pero después de 3-4 minutos, no sentía nada en absoluto. Normalmente, cuando estoy cerca de alguien emocionalmente angustiado, percibo sus emociones turbulentas en cuestión de minutos. Estaba perplejo. ¿Cómo alguien que estaba experimentando un evento emocionalmente intenso como un ataque de ansiedad no revelaba ninguna emoción real relacionada con ello? Luego, le pedí permiso (en ese momento, Dios ya me había instruido que no podía conectarme con las personas sin su previo permiso) para explorar lo que estaba pasando. Ella asintió con la cabeza, incapaz de hablar debido a su ansiedad elevada.

Cerré los ojos y, en cuestión de segundos, comencé a ver y sentir la presencia de innumerables demonios regocijándose en su sufrimiento. En cuestión de segundos, experimenté una perturbadora sensación de gran placer y satisfacción. Estos demonios estaban celebrando su sufrimiento. Mientras miraba en la oscuridad dentro de ella, se dispersaron apresuradamente como ratas huyendo de la luz. Esta visión me dejó atónito. Lo que ella estaba experimentando, su tormento, miseria y ansiedad, no era más que el resultado de estos demonios emergiendo de las sombras para torturarla.

En menos de dos minutos, su estado cambió y se calmó. Mantuvimos una conversación normal, dejándola sin palabras al respecto. Esto era inaudito para ella, ya que sus ataques de ansiedad solían persistir al menos durante un día y a veces se extendían a 2-3 días. Sin embargo, este episodio había durado solo 5 minutos desde su inicio.

En algún momento de su vida, los demonios la habían convencido de que no había un Dios y ella había rechazado por completo Su existencia. Entonces se convirtió en un blanco fácil para ellos. Al negar a Dios, ¿con qué autoridad podría impedirles entrar y atormentarla?, ¿dónde podría buscar ayuda cuando había dado la espalda al Único que podría salvarla? Rechazar a Dios te deja completamente indefenso ante Satanás. Él adquiere un dominio completo sobre ti y tu vida. La oscuridad y las cargas envolverán tu existencia, conduciéndote a consecuencias aún más graves más allá de esta vida.

Más tarde esa misma noche, comencé a ver a los demonios y los escuché hablar burlonamente sobre ella. "Mantente alejado de ella, Hijo de Dios. No podrá deshacerse de ninguno de nosotros. Nosotros la controlamos. Ella nos pertenece", se burlaban. Al escuchar esto, ella se asustó aún más, pero Dios tenía un mensaje de esperanza para ella:

"Un ladrón entra en tu casa para robar, saquear y destruir lo que es tuyo. Lo hace en silencio por la noche cuando no estás alerta. Pero ahora sabes que el ladrón está ahí. Has descubierto su presencia en tu hogar, y solo el dueño de la casa tiene el poder de pedirle al ladrón que se vaya.

Cuando el dueño de la casa regresa y encuentra el interior dañado y el ladrón todavía sigue ahí, no lo invita a cenar con él. En cambio, el dueño llama a la policía, que tiene la autoridad para sacar al ladrón que se esconde en la oscuridad y devolver la casa a su legítimo dueño.

Te he mostrado al ladrón que ha arruinado tu hogar. Tú, y solo tú, tienes el poder de eliminar la oscuridad que causa destrucción".

Después de presenciar la verdad, la mujer se sintió aterrada. Las palabras de los demonios eran precisas. No quería eliminar ni a uno solo de ellos. Ella tomó la decisión de seguir viviendo con la influencia de Satanás, permitiendo que incidiera en su vida. Fue profundamente doloroso ver esta realidad desarrollarse ante mí, pero así es como opera Dios. Él revela la verdad, pero cada uno de nosotros debe decidir si seguirlo o no.

Proyectando Sombras:
Los Demonios De La Magia

Esta división ocupa un lugar especial dentro de las filas de Satanás, compuesta por sus asociados más inteligentes e íntimos. ¿Qué los hace destacar? El nivel de conocimiento y la intrincada coordinación que se les asigna son verdaderamente desafiantes. Una vez que establecen una conexión con un individuo, su función implica coordinar señales y presentar evidencia social para afirmar su estatus como un poder sobrenatural formidable. Sin embargo, es crucial aclarar que estos demonios carecen de la capacidad de prever el futuro, esto es algo reservado únicamente para Dios. En cambio, su ámbito de comprensión abarca el presente y el pasado.

Lo que efectúan para hacerte creer que pueden predecir eventos futuros es un juego de manos. Un poco de engaño mezclado con el dominio del comportamiento humano y los patrones pasados. ¿Recuerdas a mi amiga de la cual me advirtió la bruja?, ¿la que iba a robarme una gran suma de dinero? Así es como 'predijeron' el futuro en este caso.

La oscuridad rodeaba a mi amiga quien estaba a cargo del inventario del negocio. Una mujer que era prostituta se hizo 'amiga' de ella y quiso formar parte de la empresa. En el momento adecuado, esta 'amiga' se llevó todo el inventario en existencia y dejó el negocio vacío. ¿Quién tiene la influencia para persuadir a alguien de actuar de cierta manera? Todo lo que hacen los demonios es incidir en el comportamiento. Algunas personas son más susceptibles a esta influencia que otras. Una persona que ha aceptado a Dios no sería tan vulnerable como alguien que vive en la oscuridad.

Los demonios en la división de la magia a menudo se equivocan. No pueden influir en todos todo el tiempo. Tal vez la persona decide hacer lo correcto, lo que hace que sus predicciones sean incorrectas. La bruja me dijo que cuando las predicciones no se cumplían, era culpa suya por hacer algo diferente. La mentira que le dijeron sus demonios fue que en todo hay una lección que aprender, y que el evento no ocurre para que ella pudiera crecer espiritualmente. Es una operación masiva y oscura que Satanás dirige en el lado mágico de las cosas. La información sobre parientes fallecidos, los que aún están vivos y los posibles patrones de comportamiento de quienes rodean a esa persona debe ser transmitida de manera rápida y precisa para engañar a la persona que pregunta.

Siempre puedo decir cuando alguien se ha abierto a la magia. Con el solo hecho de consultar a una bruja para una lectura o hacerse una limpia, los demonios de esta división especial obtienen acceso. Ingresar a ese lugar y abrir esta puerta permite que entre una gran oscuridad. Esta persona está mucho más abierta a dejarme conectar con ella para que pueda ver un camino a seguir. Han estado tan confundidos espiritualmente que han cruzado barreras que la mayoría no cruzaría. Casi de inmediato, siento esa gran oscuridad y les menciono que han hecho lecturas de tarot, lo que por lo general es un secreto profundo para la mayoría. Se sorprenden y al principio creen que todo está conectado dentro del reino de la magia. Dios siempre arroja luz sobre esa oscuridad enseguida, y rápidamente se dan cuenta de que Dios y la magia son fuerzas completamente opuestas.

Demonios Dentro Del Reino Animal

Vamos a profundizar brevemente en este tema, ya que he sido testigo de influencias malignas en los animales, lo que plantea preguntas sobre el asunto. Marcos 5:11-13 ilustra claramente esto: *"En una colina estaba alimentándose una manada de muchos cerdos: entonces los demonios rogaron a Jesús: 'Mándanos a los cerdos, déjanos entrar en ellos'. Así que él les dio permiso. Cuando los espíritus malignos salieron del hombre, entraron en los cerdos, que eran unos dos mil; entonces la manada se precipitó al lago por el despeñadero y allí se ahogó".* Este pasaje sirve como confirmación de que aproximadamente 2,000 animales fueron efectivamente influenciados por demonios. Y no pasemos por alto la ocasión en la que Satanás habló a través de una serpiente en Génesis 3.

Tengo una amiga que recientemente eligió seguir a Dios y dedicar su vida a servirle. Una noche, salió de Walmart, caminando hacia su casa. Había vendido algo y llevaba un mes de salario en su bolso. Un grupo de 6-8 perros comenzó a seguirla en la oscuridad. A pesar de que se dirigía a la misma casa en la que había crecido, nunca antes había experimentado algo así. Los perros la persiguieron, ladrando y gruñendo. La acorralaron contra una cerca, bloqueando cualquier ruta de escape. En respuesta, ella gritó y agitó su bolso frente a sus amenazantes rostros. Uno de los perros le arrebató el bolso y salió corriendo, seguido rápidamente por el resto de los perros.

Se encontró sola y en estado de shock. No solo necesitaba desesperadamente ese dinero para pagar las facturas pendientes, ¡sino que de forma inesperada se convirtió en el blanco de un ataque animal orquestado! Por fortuna, un buen samaritano en bicicleta notó su angustia. Ella le explicó que los perros le habían arrebatado su bolso y huido. De inmediato, el hombre persiguió a los perros, usando con valentía su bicicleta como escudo para ahuyentarlos y logró recuperar el bolso rasgado. Sorpresivamente, también pudo recuperar el dinero robado.

Durante el turbulento año en el que fui robado y estuve a punto de ser asesinado, se formó una conmovedora conexión entre mí y una cariñosa perrita llamada Cloe en un orfanato que visitaba regularmente. A pesar de que más de 50 personas la rodeaban en todo momento, corría emocionada hacia mí cada vez que yo estaba cerca. Esto representaba una hermosa expresión de nuestro vínculo especial. La llenaba de abrazos y cariño para recordarle lo amada que era. Cloe había pasado siete años en ese orfanato, lo que la convertía en un miembro astuto y querido.

Un día, al llegar al orfanato, no apareció para saludarme como siempre lo había hecho antes. Mi inquietud llevó al director a informarme que Cloe había sido atropellada trágicamente y falleció dentro del recinto cerrado, que apenas era lo bastante espacioso para que maniobrara un automóvil. La noticia fue desgarradora, y no pude evitar cuestionar la razón detrás de su muerte. Cloe había sobrevivido siete años sin incidentes y estaba completamente consciente de los vehículos.

Alrededor de tres meses después de la muerte de Cloe, formé otra conexión con un perro en una propiedad donde me quedaba con frecuencia. Este perro era el más pequeño de su camada, mostrando fragilidad y humildad. Se convirtió en mi fiel compañero, nunca se alejaba de mi lado, sin importar a dónde fuera en la propiedad. En una ocasión particular, esperaba visitar el lugar con entusiasmo, deseando reunirme con mi pequeño amigo. Incluso compré una chaqueta para perros para protegerlo del frío, así como polvo anti pulgas y comida nutritiva, para asegurarme de que estuviera bien mientras yo estaba ausente. Antes de mi visita, le envié un mensaje al vecino de la propiedad para preguntar sobre la condición del pequeño perro, solo para recibir la devastadora noticia de que él también había tenido un final trágico. Un camión que retrocedía lo atropelló fatalmente, de la misma manera en que Cloe había perecido.

Después de estas pérdidas desgarradoras, no pude evitar cuestionar los motivos detrás de estas tragedias. Tanto Cloe como el pequeño perro habían sido queridos y cuidados, y sus muertes prematuras me dejaron con una persistente sensación de inquietud. La sorprendente similitud en la forma de su fallecimiento solo profundizó mi asombro. A medida que continué mi viaje más profundamente hacia las batallas entre Dios y Satanás, estos incidentes se convertirían en recordatorios constantes de las fuerzas invisibles que operan en nuestras vidas.

Cultivando La Oscuridad: La Expansión De La Influencia Demoníaca En Nuestra Vida

He sido testigo de diferentes grados de oscuridad en las personas, que abarcan todo un espectro con niveles distintos de influencia en cada individuo. Guiado por Dios, mi viaje tenía como objetivo descubrir la verdad: ¿por qué algunas personas llevan una oscuridad mucho más pesada que otras?, ¿qué separa la oscuridad intensa de la luz, y por qué los demonios afectan a algunos más que a otros? La respuesta radica en las elecciones que hacemos.

Desde el nacimiento, heredamos la comprensión básica del bien y del mal, una decisión tomada hace mucho tiempo por Adán y Eva que ha moldeado nuestra trayectoria. Inicialmente, al ver la oscuridad predominante, yo albergaba rencor hacia estos dos personajes. ¿Por qué deberíamos todos pagar el precio por su elección? Dios, en Su amor infinito, me tranquilizó diciendo: *"Cada ser humano después de Adán y Eva habría tomado la misma decisión"*. Por lo tanto, nuestro camino compartido en el pecado persiste no solo por sus acciones, sino porque las generaciones posteriores habrían tomado la misma decisión de comer el fruto prohibido.

Volviendo al tema de las elecciones, nuestra vida está llena de momentos cotidianos que nos ofrecen la oportunidad de decidir. ¿Adelantamos a alguien en el tráfico?, ¿es ese un acto de amor o de odio? ¿Le alzamos la voz a alguien que ha cometido un error?, ¿está esa respuesta fundamentada en el amor o en el odio? Cuando nos enfrentamos a conflictos, ¿optamos por la violencia o elegimos el camino del amor? Cuando se nos presenta la oportunidad, ¿abrazamos el amor o nos entregamos al egoísmo? Cada una de estas situaciones se convierte en una encrucijada, presentándonos una elección entre la luz y la oscuridad.

Así es como la oscuridad es invitada a nuestras vidas, al elegir conscientemente el odio sobre el amor. Al principio, estas elecciones pueden parecer imperceptibles, pero abren la puerta para que un demonio entre. Una elección lleva a otra y, pronto, la oscuridad se extiende como una niebla sofocante, oscureciendo la esencia de nuestra verdadera naturaleza: el amor.

Imagina un mapa de Houston, Texas extendido ante ti. Al orientar el mapa hacia el norte, traza una línea divisoria. A la izquierda está Dios, mientras que Satanás ocupa la derecha. Inevitablemente, te dirigirás al punto más septentrional, partiendo desde el extremo sur del mapa. Cada intersección plantea una elección: girar a la izquierda hacia Dios o a la derecha hacia Satanás. En este viaje, no hay GPS ni señales de tráfico; tu voz interior se convierte en tu brújula.

A medida que comienzas tu viaje hacia el norte desde el extremo sur del mapa, te enfrentas a una decisión en cada cruce, ya sea girar a la izquierda o a la derecha. Mientras viajas hacia el norte, tus elecciones en cada intersección, guiadas por tu voz interior, determinarán si navegas a través de las secciones sombreadas o iluminadas del mapa. Si te dejas llevar hacia el norte sin elegir activamente, te encontrarás en la autopista de peaje del lado más oscuro del mapa. Este camino cobra una tarifa en tu vida, dejándote cansado y golpeado cuando llegas a tu destino. Viajar hacia el norte en la luz requiere un esfuerzo deliberado e intencional, ya que no es la ruta predeterminada.

Las elecciones que haces en cada momento de tu día determinan la influencia que dará forma a tu vida. Estas elecciones no son las que te conducen inmediatamente de adelantar a alguien en el tráfico hacia el impulso de cometer un asesinato. Más bien, es un proceso gradual, un oscurecimiento lento del espíritu que se desarrolla durante años e incluso décadas. ¿Encuentras más amor y alegría en tu vida a los 30 años que a los 16? ¿Te parece que la vida es aún más hermosa a los 60 en comparación de cuando tenías 30?, ¿o sientes una presencia más pesada, una oscuridad más profunda de la que recuerdas haber experimentado a una edad más temprana? Estas son preguntas significativas que cada uno de nosotros en esta creación debe hacerse.

¿Qué sirve como punto de referencia para medir tu luz interior? He visto a personas caminar en la oscuridad mientras declaran que la luz de Dios los guía. ¿Cómo pudieron caer bajo tal engaño? ¿Cuándo infiltraron estos demonios sus vidas? "Bueno, por supuesto que no soy tan alegre como lo era a los 15 años, pero así es la vida", declaran. Sí, así es la vida, alterada por las elecciones que han oscurecido nuestro camino y han permitido que la influencia de Satanás contamine la luz. Dios no desea que ninguno de Sus hijos viva en la oscuridad, pero lo permite si ellos eligen hacerlo. ¿Qué criterio empleas para evaluar la dirección en la que te conduces?, ¿qué actúa como tu GPS para discernir tu posición en el mapa de la vida?

Los demonios pueden no ser visibles para el ojo humano, pero su profunda influencia arroja una sombra sobre nuestras vidas. Está presente cuando elegimos inconscientemente el odio sobre el amor, cuando priorizamos la búsqueda de este mundo sobre el cultivo de una relación con Dios, y cuando permitimos que la influencia del miedo dicte nuestras acciones. Los demonios prosperan en nuestras vulnerabilidades, explotan nuestras dudas y se aprovechan de nuestra desconexión con nuestro Creador.

Sin embargo, mientras navegamos por los caminos de esta vida, debemos permanecer firmes en nuestra comprensión de que la batalla contra los demonios no es una lucha aislada. Dios siempre está esperando pacientemente a nuestro lado para ayudarnos en cualquier circunstancia. Todo lo que tenemos que hacer es recurrir a Él. "Dios, necesito tu ayuda" es todo lo que necesita susurrarse.

En este viaje, la búsqueda de la verdad adquiere una inmensa importancia. Al elegir diariamente el camino iluminado por Dios, debilitamos el control de las fuerzas de Satanás. Es a través de nuestras elecciones conscientes de buscar a Dios, de buscar Su voluntad, que nos transformamos en guerreros de la luz, desafiando a los demonios que buscan desviarnos del camino correcto.

Con cada nuevo amanecer que tienes la bendición de ver, abraza la voluntad de Dios en tu vida. Aborda cada decisión con discernimiento, consciente de las influencias que buscan contaminar tu espíritu. Al reconocer y resistir con pasión el asedio diario de las influencias demoníacas, permites un espacio para que Dios trabaje en tu vida. Una vida vivida de acuerdo con el amor, la verdad y el propósito divino que Dios tiene para ti.

Después de haber dedicado tiempo y energía suficiente a arrojar luz sobre las formas en que los demonios ejercen su influencia en nuestra vida diaria, es hora de cambiar el enfoque. Ahora, adentrémonos en el intrigante mundo de cómo Dios imparte Su guía a Sus amados hijos a través de diversos canales de comunicación.

El Concepto Del Pecado:
Cómo Entenderlo Mejor

Ahora, profundicemos de forma breve en lo que en realidad implica el pecado y por qué Dios constantemente rescata a su pueblo de sus garras. Dios es el autor de cada vida nacida en esta Tierra. Pero, ¿cómo crea Él la vida? Durante las primeras etapas de mi proceso de sanación, Dios me lo reveló mientras buscaba el verdadero significado de la vida. La revelación fue tan profunda que me conmovió hasta las lágrimas.

Cada vida, que nace, sin excepción, es creada por Dios. Él toma un fragmento de Sí mismo y lo coloca en cada recién nacido. La vida en la Tierra surge de la convergencia de tres orígenes: un hombre, una mujer y Dios. Incluso los niños nacidos en circunstancias trágicas o que son abandonados al nacer, son vidas creadas por Dios. Él confirmó que cada vez que los espermatozoides y los óvulos se unen, Él es el autor de esa vida. Él respeta las elecciones de todas las personas y su libertad para tomar sus propias decisiones, incluso si no son las más sabias.

Dios reveló que toma una parte de Sí mismo, Su luz, Su amor, y la incrusta en la fusión de un óvulo y semen. La revelación de esta conexión con el amor de Dios fue tan poderosa que las palabras no pueden expresarla adecuadamente. Cada persona nacida lleva consigo un pedazo del amor de Dios dentro de sí. Su amor funciona como la fuente de energía generadora de vida para todos en la Tierra. Él reveló que todos estamos profundamente conectados a través de Su amor, ya que nuestro Padre celestial nos ha dado un fragmento de Sí mismo para crear vida en nosotros. Presenciar y experimentar la fuente de amor necesaria para dar lugar a la vida en todo el mundo fue realmente asombroso. Su profundidad y magnitud están más allá de nuestra comprensión humana.

Saber de dónde venimos nos ayuda a entender lo que realmente significa el pecado. El pecado no es una regla dada por Dios para controlar a Su creación. En cambio, el pecado es como una idea, un pensamiento sobre quiénes no se supone que seamos. El pecado es lo opuesto hacia dónde debemos ir y lo que debemos hacer debido a Quién es nuestro Creador. Permíteme explicarlo en otros términos.

Imagina que tienes un Bugatti La Voiture Noire, un automóvil que vale unos 13 millones de dólares estadounidenses. Incluso si no eres un experto en automóviles, puedes entender que un automóvil de 13 millones de dólares es increíblemente especial. El La Voiture Noire es un automóvil extremadamente exclusivo, con solo una unidad producida. Su exclusividad y rareza aumentan significativamente su valor.

Tienes este vehículo único y casi invaluable, y decides conducirlo en las montañas de inmediato. Sin embargo, no te quedas en la suave y curvilínea carretera para la que se hizo el automóvil. En su lugar, lo llevas fuera del camino, a terrenos accidentados. Cuando encuentras el primer bache fangoso, el guardabarros delantero se agrieta y la llanta se dobla. Luego, pisas el acelerador y aumentas la velocidad, lo que hace que las rocas golpeen la pintura y la astillen.

Posteriormente ves una colina muy empinada e intentas subirla, pero solo llegas a la mitad. El automóvil resbala hacia atrás y golpea una roca, dañando su parte posterior y rompiendo las luces traseras. Más tarde, aceleras por un camino estrecho donde las ramas de los árboles arañan la pintura y abollan la carrocería. Cuando terminas de conducir por el todoterreno, el automóvil parece desgastado y golpeado. Su valor ha disminuido en millones y nadie lo compraría ya.

Mientras navegas por el terreno desafiante, cada golpe, bache y obstáculo deja su marca en el automóvil, disminuyendo su valor y apariencia. En cierto modo, nuestro viaje por la vida se asemeja a esta experiencia. Al igual que el automóvil, fuiste creado completamente único y valioso. Cada uno de nosotros es tan raro como una obra maestra de edición limitada, diferente a cualquier otra persona en el mundo. Sin embargo, el pecado, en todas sus formas, actúa como el bache que arruina la llanta, las rocas que golpean la pintura y la empinada colina que se debe evitar. El pecado daña nuestro diseño impecable, nos hace sentir indignos y menos valiosos. El pecado es lo que Dios quiere que evitemos para proteger nuestro preciado valor. Esa es la verdadera naturaleza del pecado.

Susurros De Gracia: El Deseo De Dios De Comunicarse Con Nosotros

¿Cómo se comunica un Dios divino con un pueblo contaminado por el pecado? Su presencia es tan santa y divina que Él debe mantener una distancia especial de la creación. No solo eso, sino que la creación fue diseñada para funcionar de manera independiente, sin necesidad de intervención directa de Dios. Los animales tienen su propósito, las plantas tienen su propósito, el cielo cumple su propósito y las aguas tienen su papel designado. Este propósito distintivo de todo es sostener a la humanidad en la Tierra.

Al principio, Dios caminaba y hablaba con la humanidad. Deseaba comunicarse y conectar con Su creación, desbordando amor desde cada rincón del mundo. Encontramos este relato en Génesis 3:8-13 cuando Dios descubre las acciones de Adán y Eva:

"Cuando soplaba la brisa fresca de la tarde, el hombre y su esposa oyeron al Señor Dios caminando por el huerto. Así que se escondieron del señor Dios entre los árboles. *Entonces el Señor Dios llamó al hombre: '¿Dónde estás?' El hombre contestó: 'te oí caminar por el huerto, así que me escondí porque estaba desnudo'."*

Es increíble entender que Dios alguna vez caminó entre nosotros. Sin embargo, este suceso marcó la última vez en que la completa presencia de Dios pudo estar entre Su creación. Después de que el pecado entró y Satanás contaminó el mundo, Dios tuvo que retirar Su plena presencia de la Tierra. Su esencia pura era incompatible con el pecado en la humanidad.

La Voz De Dios En La Creación: Cómo Nos Habla

La Biblia: Dios nos ha dado una herramienta increíble para escuchar Sus palabras. Este asombroso libro es una compilación de 66 libros individuales reunidos en una sola voz para que toda la humanidad pueda escuchar. No hay nada que se acerque siquiera al poder de estos libros. Cada uno de ellos representa un momento dentro de la creación en el que Dios guio a Sus hijos o los corrigió para preservar su vida y bienestar.

La gente busca en el universo, piedras mágicas, velas, meditación espiritual, guías espirituales, y más para encontrar la verdad cuando ha estado frente a ellos todo el tiempo. Comprender que estas historias y lecciones de la Biblia tienen miles de años de antigüedad y contienen una precisión increíble para la época en que fueron escritas no es un accidente.

Una de las historias bíblicas más antiguas que la evidencia arqueológica ha verificado es la historia de la destrucción de la ciudad de Jericó. El libro de Josué en el Antiguo Testamento menciona la ciudad de Jericó, describiendo cómo los muros de la ciudad cayeron después de que los israelitas marcharon alrededor de ellos durante siete días, guiados por el Arca de la Alianza. Las excavaciones arqueológicas en el sitio de Jericó han revelado evidencia de una muralla de la ciudad derrumbada que data de un período consistente con el relato bíblico, respaldando la idea de que alguna forma de destrucción ocurrió allí en la antigüedad. El descubrimiento de los muros caídos coincide con la línea de tiempo y el contexto general de la historia en el libro de Josué. Se cree que este evento tuvo lugar alrededor del año 1400 al 1300 a.c., aproximadamente hace 3,400 a 3,300 años desde la actualidad.

En 2 Timoteo 3:16, se afirma: *"Toda la Escritura es inspirada por Dios y es útil para enseñarnos lo que es verdad y para hacernos ver lo que está mal en nuestra vida. Nos corrige cuando estamos equivocados y nos enseña a hacer lo correcto."*

La Biblia no es simplemente una compilación de historias o registros antiguos; es una colección de la palabra hablada de Dios para nosotros. Es un diálogo de amor, donde el Creador comunica Su sabiduría, amor y propósito a Sus hijos. Al final, no se trata de la edad de las palabras dentro de estas páginas sagradas, ni es únicamente sobre de la precisión histórica que puedan contener. Se trata de la verdad perdurable y la profunda conexión que ofrecen con nuestro Creador. La Biblia es un testimonio vivo de Su presencia en nuestro viaje, que ofrece lecciones eternas y verdades inquebrantables para todos los que quieran escuchar.

Mensajeros De La Luz:
La Voz De Dios Hablada A Través De Otros

Debido a la acumulación de pecado que llevamos (imagina una llanta doblada, pintura abollada, carrocería dañada), la comunicación directa con nosotros se convierte en un desafío para Dios debido a Su divinidad. Ese pecado, la oscuridad, actúa como una barrera de comunicación entre Dios y nosotros. Visualiza un conducto de comunicación con cables corroídos, gradualmente erosionados por el óxido, lo que produce señales intermitentes y, a veces, pérdida total de señal. Sin embargo, hay individuos quienes han recibido el don de comunicarse directamente con Dios para servir a sus hermanos y hermanas. De hecho, Dios otorga muchos dones para facilitar Su comunicación con Sus hijos.

1 Corintios 12:4-11:

"Hay distintas clases de dones espirituales, pero el mismo Espíritu es la fuente de todos ellos. Hay distintas formas de servir, pero todos servimos al mismo Señor. Dios trabaja de maneras diferentes, pero es el mismo Dios quien hace la obra en todos nosotros. A cada uno de nosotros se nos ha dado un don espiritual para que nos ayudemos mutuamente. A uno el Espíritu le da la capacidad de dar consejos sabios; a otro, el mismo Espíritu le da un mensaje de conocimiento especial. A otro el mismo Espíritu da gran fe y a alguien más, ese único Espíritu le da el don de sanidad. A uno le da el poder para hacer milagros y a otro, la capacidad de profetizar. A alguien más le da la capacidad de discernir si un mensaje es del Espíritu de Dios o de otro espíritu. Todavía a otro se le da la

capacidad de hablar en idiomas desconocidos, mientras que a otro se le da la capacidad de interpretar lo que se está diciendo. Es el mismo y único Espíritu quien distribuye todos esos dones. Solamente él decide qué don cada uno debe tener."

Debo enfatizar absolutamente una parte crítica de esta escritura. A estas alturas, ya eres consciente de cómo Satanás engaña incluso a los seguidores de Dios. *"A alguien más le da la capacidad de discernir si un mensaje es del Espíritu de Dios o de otro espíritu"*. Esta percepción es crucial para evitar falsos profetas que podrían entrar en tu vida o iglesia y comenzar una campaña de desinformación y división, por muy sutil que sea.

-Mateo 7:15 *"Cuídense de los falsos profetas. Vienen a ustedes disfrazados de ovejas, pero por dentro son lobos feroces."*

-Mateo 24:24 *"Pues se levantarán falsos mesías y falsos profetas y realizarán grandes señales y milagros para engañar, de ser posible, aún a los elegidos de Dios."*

-1 Juan 4:1 *"Amados, no crean a cualquiera que afirme hablar de parte del Espíritu. Pónganlos a prueba para averiguar si el espíritu que tienen realmente proviene de Dios, porque hay muchos falsos profetas en el mundo."*

Es por esto que conocer la palabra de Dios es tan importante. Él nos ha dado un plano, un mapa de quién es Él: Su amor, compasión, misericordia y esperanza para todos nosotros están expuestos para que los leamos. Usa esta palabra, la Biblia, para discernir si lo que te han dicho es correcto. No confíes en los sentimientos y emociones; el enemigo puede influir en ellos. En cambio, usa la palabra de Dios como una luz para contrastar el mensaje, el consejo y la guía que te dan otros.

En el próximo capítulo sobre "Escuchar a Dios", llegaremos a entender que Dios emplea diversos medios para transmitir Sus mensajes a Sus hijos. Uno de estos medios es a través de individuos dotados con la capacidad de escuchar Su voz y servir como mensajeros de Su luz. Sin embargo, no todos escucharán a Dios cuando Él hable.

Escuchando A Dios

Recuerdo vívidamente el primer mensaje que recibí de Dios. Tenía solo 16 años y servía como voluntario en la cabina de sonido de nuestra iglesia recién establecida. Esta pintoresca congregación había encontrado recientemente su sitio y se estaba acomodando en un edificio alquilado y antiguo. Mi tarea era ocupar el balcón, operando el sistema de sonido todos los domingos para el equipo de alabanza y nuestro pastor.

En este domingo por la noche, había venido un orador invitado a hablar en la iglesia para una pequeña e íntima reunión, y me encontré solo en el balcón ligeramente iluminado. Después del servicio de adoración, se acercó al pequeño escenario y comenzó a dirigirse a individuos entre la congregación, entregándoles mensajes. Pude sentir la presencia de Dios, pero no estaba seguro de si lo que se decía era preciso. El consejo dado a cada persona sonaba sabio. A pesar de estar escondido en el oscuro balcón, lejos de todos los demás, de repente se detuvo, me miró y dijo: "Tú".

Por alrededor de un año, había estado orando en privado por algo que nadie más sabía. Ni siquiera había expresado esos pensamientos y oraciones en voz alta. Así que cuando el orador invitado se detuvo, me miró de forma directa y dijo: "Tú", mi corazón comenzó a latir con fuerza. Él entregó un mensaje profundamente personal e impactante que abordaba directamente la oración que había estado pronunciando en silencio durante el último año. En ese momento, no hubo absolutamente ninguna duda de que Dios escucha nuestras oraciones. Y para ese joven de 16 años, otra revelación innegable comenzó a iluminarse: Dios habla a Sus hijos a través de otros.

Los mensajes que Dios me ha dado para otros son en realidad bastante variados. La mayoría de las veces, son imágenes visuales, seguidas de una traducción que Dios revela. Otros se transmiten por medio de la comunicación directa palabra por palabra, y tan solo comienzo a escribirlos a medida que Dios me los da. Algunos son simplemente traducciones de sueños que las personas han tenido. Y sí, de hecho también he tenido que actuar algunos mensajes.

Una vez, Dios me dio una imagen junto con un mensaje para entregar a una madre soltera con dos hijos. No sabía casi nada sobre su historia, y ella apenas se había cruzado en mi camino recientemente. Le envié un mensaje, preguntándole si podía visitar su casa y podíamos salir a caminar. Ella aceptó, pero para que el mensaje se expresara plenamente, debía hacerse de noche. No engañaré a nadie sobre el estrés de recibir estos mensajes. Entregar un mensaje de Dios a alguien que no conocía era extremadamente angustiante al principio. No sabía si me gritarían, me escupirían, me golpearían o me insultarían. Esos eran los temores que tenía inicialmente. Pero le había prometido a Dios que entregaría todos y cada uno de los mensajes.

Mientras caminábamos por el vecindario, buscaba el lugar correcto. Necesitaba una clara división entre la luz y la oscuridad. Encontré un poste de luz alto con una estructura debajo. La estructura, iluminada por la luz, proyectaba una sombra en el suelo, dejándome parado con luz de un lado y oscuridad del otro.

Ella notó mi nerviosismo y comportamiento peculiar mientras observaba el juego de sombras y luces a mi alrededor. Finalmente, movida por la curiosidad preguntó: "¿Qué estás haciendo?" Inseguro de cómo explicarle a esta mujer lo que estaba haciendo, le pedí que se sentara en un banco porque tenía un mensaje para ella.

Su inquietud rápidamente se igualó a la mía mientras me posicionaba dentro de la sombra, con todo mi cuerpo oculto de la luz. Extendí mi mano izquierda desde la sombra, iluminándola hasta el antebrazo. Con la cabeza girada hacia atrás, mirando hacia la oscuridad de la sombra, entregué el mensaje de Dios.

"Mi cuerpo en la oscuridad representa tu espíritu", dije. "Estás casi completamente envuelta por la oscuridad, y eso te hace sentir perdida. Mi mano significa tu esfuerzo por alcanzar algo mejor. Percibes la presencia de la luz, pero no estás segura de cómo entrar en ella. Ahora observa". Con la cabeza todavía mirando hacia la oscuridad y mi mano derecha apretada con fuerza, continué, "Debes cambiar tu enfoque, porque estás mirando hacia atrás a la oscuridad". Lentamente, giré la cabeza para mirar hacia la luz donde mi mano extendida estaba iluminada. Continué: "Debes soltar lo que estás sosteniendo en la oscuridad", mientras abría mi mano derecha, liberando un agarre en la oscuridad, y comencé a caminar hacia la luz.

Ella permaneció en completo silencio. El impacto era evidente en su rostro. Yo no sabía qué decir o hacer, tal vez porque era uno de mis primeros mensajes para alguien. Y tal vez eso estuvo bien. Entiendo que cuando el mensaje de Dios penetra a través de la oscuridad para tocar el corazón, es un momento profundamente impactante. Después de lo que pareció una eternidad de silencio, pero que en realidad fueron solo unos minutos, ella comenzó a hablar y abrirse.

En otra ocasión, una amiga se acercó a mí porque había tenido dos sueños vívidos que podía recordar con gran detalle a la mañana siguiente, lo que la impulsó a escribirlos. El primer sueño tenía un mensaje obvio, pero el segundo la desconcertó. Este es su segundo sueño:

"Cuando el primer sueño terminó, pasé a otro sueño, que parecía una novela. En este sueño, apareció una mujer que me trató de forma muy grosera. Tropecé con su Biblia, descartada descuidadamente en el agua, con su nombre. En un impulso de venganza, consideré exponer su pérdida ante todos. Ya que en este sueño, perder tu Biblia se consideraba la mayor deshonra. Sin embargo, Dios intervino, prohibiéndome llevar a cabo tal acto, ya que Él no aprueba la venganza. En su lugar, le envié una foto para mostrarle que estaba en mi posesión, devolví la Biblia y le expliqué que me estaba prohibido por Dios tomar cualquier otra acción con respecto a la Biblia desechada. Su reacción fue feroz; afirmó enardecida que yo la había tomado maliciosamente desde el principio. Mi abrupto despertar siguió justo en el momento en que ella intentaba romper algo sobre mi cabeza".

Sentí un mensaje profundo dentro de este sueño/visión y la alenté a buscar a Dios para su interpretación. Sorprendentemente, en cuestión de minutos, Dios comenzó a revelarme la siguiente interpretación:

En este sueño, la mujer representa la autoridad de la iglesia, mientras que la Biblia descartada simboliza a aquellas personas que han sido expulsadas y manchadas por su rechazo de la comunidad eclesiástica. Tu deseo de exponer su vergüenza ante el mundo representa el intento de Satanás de exhibir la vergüenza de las personas a través de las acciones de los miembros de la iglesia, cultivando chismes destructivos que dañan los corazones frágiles.

El agua, en contraste, simboliza a Dios, quien absorbe la impureza y las manchas de aquellos que han sido excluidos. La devolución de la Biblia a la dama representa que te convertirás en un instrumento de Dios, ayudando a traer de vuelta a estos corazones perdidos y descartados a la comunidad de la iglesia.

La violenta reacción de la mujer hacia ti al traerla de vuelta representa la presencia de Satanás dentro de la iglesia, culpando y atacando ferozmente a aquellos que buscan regresar y reconectarse con Dios. Estos ataques, como se muestra en tu sueño, destacan los desafíos espirituales severos que enfrentan aquellos que regresan a la iglesia en busca del amor de Dios.

Los mensajes de Dios a las personas no están destinados únicamente a su beneficio. Este mensaje en particular estaba destinado a todos, inicialmente entregado a una mujer y posteriormente traducido por Dios a través de otro. Esta es una de las formas en que Dios se comunica con Su pueblo. Es esencial que los creyentes evalúen si tales mensajes se alinean con las enseñanzas de la Biblia, si promueven Su amor por Su pueblo y si contienen verdades que resuenen con Su Palabra.

Dios comprende que cada uno de nosotros percibe y recibe la información de manera diferente. Él sabe exactamente cómo llegar al corazón de una persona. Solía pensar que los mensajes de Dios estaban destinados principalmente para corregir a los creyentes. Sin embargo, una parte significativa de estos mensajes estaban dirigidos a personas que no conocían a Dios. Créeme, entregar un mensaje que atraviesa el corazón de alguien que no conoce a Dios es un honor increíble.

También he entregado mensajes a personas que asisten regularmente a la iglesia y proclaman su fe en Dios, solo para que esos mensajes sean rechazados. Hasta el día de hoy, el rechazo más intenso provino de una colega cristiana. Su respuesta llevaba un odio tan fuerte que me dejó impactado durante un par de días.

Esta mujer había recibido previamente un mensaje suave y amoroso de corrección de Dios aproximadamente un año antes. En ese mensaje, Dios reveló una imagen de su corazón como brillante y lleno de luz. Sin embargo, su brazo izquierdo estaba lleno de oscuridad y lo usaba para conectarse con las personas a su alrededor. La traducción fue que su corazón era la motivación de sus acciones, pero la oscuridad en su brazo contaminaba sus conexiones con los demás cuando se acercaba a ellos.

Aunque aceptó el mensaje en ese momento, se negó a volver a Dios a medida que pasaban los meses. Dios tuvo compasión y paciencia con ella debido al importante trabajo que estaba haciendo con niños. Aproximadamente nueve meses después, recibí otro mensaje de Dios para ella, que trazaba un camino hacia la sanación y la liberación de la oscuridad. Lamentablemente, ella ignoró por completo este mensaje. Luego, aproximadamente un año y medio después del mensaje inicial, recibí un fuerte mensaje escrito de Dios dirigido a ella. La esencia del mensaje era clara: "Apártate de la oscuridad antes de que sea demasiado tarde. Busca la guía de tu amoroso Dios y Él te rescatará del camino hacia la destrucción".

Al recibir el tercer mensaje, la ira la consumió. Protestó: "¿Quién eres tú para decirme que tengo oscuridad? Todo lo que haces es hablar de oscuridad. ¡Tal vez deberías orar a Dios!". Ella declaró que estos mensajes no eran de Dios, sino del propio Satanás, afirmando que ella seguía a Dios fielmente y que no sabía nada acerca de esta oscuridad de la que yo continuaba hablando. El odio que dirigió hacia mí fue sorprendente y me dejó profundamente impactado.

Esta mujer estaba a punto de recibir una donación de $250,000 dólares para un proyecto de construcción destinado a ayudar a los niños. El proyecto estaba programado para comenzar en solo siete días. Le advertí que su negativa a prestar atención a los mensajes de Dios estaba resultando en la eliminación del proyecto de construcción. Su respuesta fue despectiva, afirmando: "Bueno, confío en Dios. Si no sucede, no es la voluntad de Dios".

Aproximadamente dos días después, sentí una presencia abrumadora de Dios. Sentí Su furia. *"¿Cómo se atreve a llamar a mi voz la voz de Satanás? ¡Ella acusa a mi hijo de ser siervo de Satanás y a mis palabras como las palabras de Satanás!"* La ira de Dios se apoderó de mí. *"¿Cómo pueden mis hijos estar tan perdidos que ni siquiera pueden reconocer el sonido de la voz de su Padre?"* Su enojo se convirtió rápidamente en tristeza al declarar: *"He retirado mi bendición de ella. Tropezará y fracasará en sus esfuerzos hasta que se arrodille ante mí. Su corazón orgulloso culpa a Dios en lugar de asumir la responsabilidad de sus elecciones".*

Desde entonces, perdí el contacto con ella. Inicialmente, la construcción estaba programada para comenzar hace cuatro meses, pero acaba de ser cancelada oficialmente. Aproximadamente seis semanas después de la declaración de Dios, los servicios de protección infantil intervinieron, retirando a todos los niños que habían colocado con ella. También ha habido informes de que su salud se está deteriorando rápidamente. Sin embargo, es crucial entender que en el momento en que ella se vuelva hacia Dios, Él estará allí con los brazos abiertos, esperando abrazarla con Su amor.

Todos hemos experimentado momentos en los que nos hemos alejado del abrazo del amor y la gracia de Dios. Sin embargo, hay ocasiones en las que nos encontramos en un estado en el que luchamos por escuchar Su voz. ¿Qué sucede cuando los canales de comunicación parecen bloqueados o débiles? ¿Qué hacemos cuando no hay un profeta o un mensajero en nuestras vidas que hable la voz de Dios para nosotros? Y ¿qué pasa si nuestro propio orgullo nos impide prestar atención a los mensajes que se nos presentan? En estos momentos, podemos preguntarnos: ¿cómo continúa Dios comunicando Su amor inquebrantable hacia nosotros?

Desvíos: Las Barreras Que Nos Guían

El amor de Dios por nosotros es tan inmenso que utilizará cualquier medio posible para alcanzarnos, siempre respetando nuestro libre albedrio. Se comunica a través de Su palabra escrita, de las personas a nuestro alrededor, de sermones, canciones e incluso de las barreras que bloquean nuestros caminos previstos. Considera el ejemplo de la mujer que rechazó los mensajes de Dios en múltiples ocasiones. ¿Cómo continuará Él transmitiendo Su amor hacia ella? La respuesta está en las barreras que surgen en su vida, redirigiéndola hacia Él. Él busca guiarla de nuevo hacia Su amor, misericordia y gracia infinitos.

Ella podría desestimar el mensaje escrito entregado por otra persona. Pero, ¿qué pasa con un proyecto de $250,000 dólares que estaba a solo una semana de comenzar? Los contratos estaban firmados, las donaciones de financiamiento aseguradas, los arquitectos listos, los permisos gubernamentales otorgados y una empresa de construcción preparada para comenzar el trabajo. Esta extensa iniciativa, que abarcaba fronteras internacionales y requería fondos significativos, se había gestado durante seis meses. Sin embargo, ese proyecto programado para iniciar en solo siete días fue detenido abruptamente.

En un período de tiempo sorprendentemente breve, una donación de materiales de $50,000 prometida por un contribuyente se cayó. Una iglesia que inicialmente se había comprometido con miles de dólares canceló su apoyo. Además, la empresa de construcción principal, que iba a dirigir el proyecto, se retiró pocos días antes de su inicio.

Esas son las barreras y señales que nos sirven de guía cuando no podemos escuchar la voz de Dios. No culpes a Dios por las barreras; solo está ayudándonos a protegernos del enemigo. En cambio, detente y pregúntate: "¿Qué no estoy viendo?, ¿qué decisiones necesito tomar?, ¿estoy caminando en la voluntad de Dios para mi vida?"

Efesios 5:17 dice: *"Por tanto, no sean insensatos, sino entiendan cuál es la voluntad del Señor"*.

Así que, mientras navegas por el camino de la vida, mantente alerta a las barreras que te rodean. Pueden no siempre ser un mensaje directo de Dios, pero cuando notes un patrón de barreras obstaculizando tu progreso, recurre a la palabra de Dios, la Biblia, y busca Su voz en la fuente más cercana que tengas. Permítele guiarte de regreso a Su camino, donde el amor y la compasión rebosan.

Aunque podamos enfrentar temporadas de sequía espiritual o incertidumbre, el amor de Dios permanece inquebrantable. Él continúa encontrando maneras de comunicar Su amor y propósito hacia nosotros. Nuestro papel es mantenernos abiertos, receptivos y humildes, listos para discernir Su voz en los susurros sutiles de la vida, en la sabiduría de otros y las verdades eternas de Su palabra. Incluso cuando no podamos escucharlo claramente, podemos tener fe en que el amor de Dios siempre nos rodea, listo para guiarnos de nuevo al calor de su abrazo.

Satanás: Revelando Al Príncipe De Las Tinieblas

En los encuentros iniciales, fui testigo de Dios durante sus conversaciones con Satanás. Dios se dirigía a Satanás, y las respuestas de este último a menudo llevaban un aire de indiferencia, diciendo: "Sí, ¿Dios?" cuando Dios lo llamaba. En una ocasión, recuerdo que Dios advirtió seriamente a Satanás que se mantuviera alejado de mí. Dios afirmó que yo había sido elegido por Él y que Satanás debía dejarme en paz. Poco después de ese intercambio, ocurrió un evento inusual. Me robaron una cantidad significativa de dinero, un hecho sin precedentes en mi vida. Dios, plenamente consciente de que este acto era un desafío directo a Su mandato, convocó a Satanás ante Él de inmediato.

Con voz autoritaria, Dios lo llamó: *"¡Satanás!"* Y de inmediato, Satanás apareció, respondiendo: "Sí, ¿Dios?" La respuesta de Dios fue directa e intensa: *"Has desobedecido mis órdenes y actuaste contra mi hijo"*. Sin embargo, Satanás se mantuvo sorprendentemente indiferente ante la ira de Dios, respondiendo: *"Relájate, Dios. Todo está bien. No se causó ningún daño"*.

A medida que la ira de Dios se intensificaba debido a la flagrante desobediencia de Satanás, Él exigió que Sus mandatos se cumplieran dentro de la creación. Sin embargo, la actitud de Satanás revelaba una escalofriante conciencia de hasta dónde podía desafiar los límites de Dios; esta desobediencia era solo una pequeña parte de su estrategia general.

Una revelación de la que inicialmente no era consciente, hasta que Dios me la mostró, fue la continua negociación entre Dios y Satanás. Estas miradas a sus interacciones ofrecen una visión única de su relación, y la Biblia nos proporciona una ventana a esta intrigante dinámica.

La historia se desarrolla en Job 1:6-12:

"Un día, los miembros de la corte celestial llegaron para presentarse ante el Señor, y el Acusador, Satanás, vino con ellos. El Señor le preguntó a Satanás. '¿De dónde vienes?' Satanás contestó al Señor: 'He estado recorriendo la tierra, observando todo lo que ocurre'. Entonces el Señor preguntó a Satanás: '¿Te has fijado en mi siervo Job? Es el mejor hombre de toda la tierra; es un hombre intachable y de absoluta integridad. Tiene temor de Dios y se mantiene apartado del mal'.

Satanás le respondió al Señor: 'Sí, pero Job tiene una buena razón para temer a Dios. Siempre has puesto un muro de protección alrededor de él, de su casa y de sus propiedades. Has hecho prosperar todo lo que hace. ¡Mira lo rico que es! Así que extiende tu mano y quítale todo lo que tiene, ¡ten por seguro que te maldecirá en tu propia cara!'.

'Muy bien, puedes probarlo', dijo el Señor a Satanás. 'Haz lo que quieras con todo lo que posee, pero no le hagas ningún daño físico'. Entonces Satanás salió de la presencia del Señor".

La Biblia efectivamente retrata casos de comunicación y negociación entre Dios y Satanás con respecto a la influencia de Satanás dentro de la creación. Es crucial recordar que estos eventos ocurrieron hace miles de años, en una época en la que la influencia de Satanás en las personas no era tan generalizada como lo es hoy en día.

Durante un paseo vespertino, en medio de una conversación con Dios, Él me reveló una verdad más profunda. Me dio a conocer que la necesidad de negociar con Satanás existe debido a su influencia predominante sobre la creación. Dios me reafirmó Su inquebrantable autoridad sobre la creación, enfatizando Su control absoluto sobre el universo. Sin embargo, reconoció que Satanás tiene la capacidad de generar repercusiones a partir de las acciones de Dios dentro de la creación. Por lo tanto, hasta el momento del juicio, Dios toma sus decisiones con respecto a la creación con cuidadosa sabiduría, reconociendo el delicado equilibrio que debe mantenerse.

En otro paseo reflexivo, Dios ilustró la necesidad de alejar a Satanás de Su presencia antes de la creación de la Tierra. La presencia oscura de Satanás se había vuelto pesada, demasiado difícil para que Dios estuviera cerca. Dios transmitió que desterrar a Satanás de los cielos fue una decisión agónica, llena de dificultad. Mientras Dios compartía esta revelación, Satanás apareció inesperadamente, expresando su deseo de presentar su perspectiva sobre el asunto. Fiel a Su naturaleza de verdad, Dios permitió que Satanás manifestara su versión de los eventos. Esta interacción destacó el compromiso de Dios con la verdad y su disposición a permitir que incluso las voces opuestas sean escuchadas, ofreciendo una profunda visión de Su gran amor por la creación.

Escuché a Satanás proclamar que él fue la víctima en todo esto. Dios lo había arrojado como basura no deseada. Ardió de ira contra Dios por expulsarlo de Su presencia, sintiéndose con derecho a una compensación. Me pregunté por qué teníamos que escuchar a Satanás. Dios me aseguró que era aceptable dejarlo hablar y luego se marcharía. Satanás se defendió durante ese paseo y luego se fue. Satanás se refería constantemente a mí como "el niño" y se indignaba por mi presencia durante muchas de estas conversaciones. "¿Por qué está aquí el niño, Dios?" gruñía.

Como la mayoría de los demonios habían sido retirados de mí por Dios, las tácticas de Satanás cambiaron. Me encontré en una sesión en la que un oficial de alto rango de Satanás comenzó a comunicarse conmigo. Le ordené que se fuera en nombre de Dios, pero él persistió. "¿Quién crees que me permitió estar aquí?" replicó con arrogancia.

Me di cuenta de que Dios le había dado permiso para estar allí e intentar reclutarme.

Sentí la autoridad de este demonio y su pesada oscuridad. Durante horas, intentó reclutarme con una avalancha de mentiras y engaños. Cuestionó el amor de Dios por mí, afirmando que Dios permitía su acceso debido a la negligencia. Este demonio afirmó que ellos podían proporcionarme lo que Dios no me proporcionaría en la Tierra. Sembró semillas de duda, sugiriendo que Dios temía a la creación, lo que explicaba Su ausencia aquí. "Dios se esconde en los cielos lejos de la creación", solía decir.

Cuando sus intentos anteriores fallaron, recurrió a intentar comprarme. "¿Quieres un millón de dólares?" preguntó. "Podría conseguirte una joven y hermosa rubia que haría que todos los demás te envidien. ¿Éxito?, ¿un buen coche?, ¿una bonita casa? Estoy autorizado para conseguirte todo lo que quieras". Persistió con estas ofertas durante horas y horas, pero finalmente se fue derrotado. El prolongado ataque de Satanás y sus dominios me desanimó. En las semanas y meses siguientes, cuestionaría a Dios sobre estas experiencias y su propósito. Dios eventualmente revelaría la razón (que compartiré contigo un poco más adelante), pero fue agotador y desalentador.

La Biblia relata casos en los que Satanás emplea tácticas similares. En particular, en los Evangelios de Mateo y Lucas, Satanás tienta a Jesús ofreciéndole los reinos del mundo. Los versículos de los siguientes pasajes describen este acontecimiento.

Mateo 4:8-9, *"Luego el diablo lo llevó a la cima de una montaña y le mostró todos los reinos del mundo y la gloria que hay en ellos. 'Te daré todo esto', le dijo, 'si te arrodillas y me adoras'"*.

Lucas 4:5-7, *"Entonces el diablo lo llevó a una parte alta y desplegó ante él todos los reinos del mundo en un instante. 'Te daré toda la gloria de estos reinos y autoridad sobre ellos' le dijo el diablo 'Porque son míos para dárselos a quien yo quiera. Te daré todo eso si me adoras'"*.

Estos versículos retratan la tentación a la que se enfrentó Jesús durante sus cuarenta días de ayuno y preparación en el desierto. Es un ejemplo de cómo Satanás intenta seducirnos ofreciéndonos cosas de este mundo. Sin embargo, Jesús rechazó firmemente la oferta de Satanás y respondió con las Escrituras, afirmando su compromiso de adorar y servir solo a Dios. Este evento pone de manifiesto las tácticas de Satanás para reclutar a todos los que nacen en este mundo. Ni siquiera Jesús, el hijo de Dios, estuvo exento de los intentos de Satanás de tentaciones mundanas.

Luchando Con El Diablo: Encuentros Directos Con Satanás

La primera vez que Satanás se acercó directamente a mí, estaba solo en el gimnasio, haciendo ejercicio. Sentí una presencia extremadamente oscura y supe de inmediato que esta oscuridad era diferente a cualquier otra que hubiera sentido con los demonios o comandantes del ejército de Satanás en el pasado. Fue directo y al grano. "Tú y yo, niño, podemos hacer grandes cosas juntos. Ven, destruyamos juntos esta creación. Tienes un don magnífico que no debería desperdiciarse. Usaré tu don para persuadir a la gente hacía mis caminos. Trabajemos juntos". Le dije a Satanás que no estaba interesado, y él se fue.

Después del encuentro, clamé a Dios, "¿Por qué?" ¿Cómo y por qué Satanás tiene acceso a mí? Me volvía loco que el Príncipe de las Tinieblas pudiera aparecer y entablar una conversación conmigo. Dios permaneció en silencio sobre el tema hasta este momento. Un par de semanas después, estaba en mi cocina cuando Satanás apareció de nuevo para una conversación.

Comenzó diciéndome que la creación era suya y que Dios había perdido el control sobre ella. Él estaba orgulloso y arrogante sobre sus logros. "Únete a mí", exclamó. "Te usaré para lograr grandes cosas. Tu nombre será conocido en toda la tierra". Clamé a Dios de nuevo, pero esta vez en medio de la conversación. Estaba tan cansado de escuchar las líneas de reclutamiento de Satanás, y ya había elegido a Dios cientos de veces hasta este punto. Cada vez que un demonio poderoso se acercaba e intentaba persuadirme para que lo dejara quedarse, tenía que elegir a Dios. Cientos de veces a lo largo de este proceso, había elegido a Dios, y sin embargo, Satanás todavía tenía acceso para hablar conmigo.

Esta vez, Dios apareció instantáneamente. Estaba furioso con Satanás. *"¡Satanás!"* exclamó en un tono controlado y autoritario. *"Te he dicho que te mantengas alejado de mi hijo"*, proclamó. Satanás no se vio muy afectado. "El niño y yo sólo estábamos teniendo una pequeña conversación, Dios. ¿De qué te preocupas? ¿Temes que el niño me elija a mí sobre ti?" Satanás continuó: "¡Admite que lo que he hecho con tu creación es impresionante! No tengo ninguno de los poderes que tú tienes, pero te he arrebatado el control de la creación. ¡Imagina lo que podría haber hecho con tu poder!" se jactó con orgullo.

Dios respondió: *"Es cierto que eres muy inteligente. Podrías haber hecho mucho con tu existencia, pero tu arrogancia y orgullo se interpusieron en el camino. Ahora, si vuelves a hablar con mi hijo sin permiso, juzgaré a 50 demonios. Veamos cuánto valoras la vida de los que te siguen".* Esa fue la última vez que Satanás se comunicaría conmigo directamente fuera de la presencia de Dios.

Lo que no sabía en ese momento era que Satanás estaba enfrentando una difícil decisión sobre qué hacer conmigo. Él tenía una mejor comprensión que yo de la dirección en la que Dios me estaba llevando. En este punto, Dios había eliminado todos los demonios de mí, dejando a Satanás sin influencia ni presencia en mi interior. En retrospectiva, me di cuenta de que esto era similar a enviar tropas a conquistar un territorio sin tener información precisa sobre la situación actual. La presencia de Satanás dentro de nosotros le otorga acceso a información en tiempo real sobre las actividades de Dios. Un demonio informa sobre la obra de Dios dentro de una persona específica, y Satanás debe desplegar rápidamente contramedidas para frustrar los planes de Dios.

Sin presencia demoníaca en mí, Satanás desconocía los planes específicos de Dios para mí, pero reconocía que iban a ser perjudiciales para sus propios intereses. Aunque el próximo movimiento era un arriesgado juego de azar que podría tener un costo significativo, Satanás lo consideró valioso. Había intentado enviar demonios para burlarse de mí, comandantes para sobornarme e incluso había realizado visitas personales para persuadirme, pero había agotado casi todas sus opciones. Solo le quedaba una alternativa. Satanás tomó la fatídica decisión de ordenar mi eliminación de la Tierra.

"*Una vez creado, siempre creado*", me dijo Dios una vez. Satanás no podía matarme, pero podía eliminarme de la Tierra. El ataque fue violento y feroz, pero Dios intervino y me protegió. Satanás no decidía quién vivía o moría en esta Tierra. Esa era la decisión de Dios. Satanás tuvo que pagar un precio muy alto por su intento de eliminarme. Perdió a uno de sus mejores amigos y generales en su ejército cuando Dios emitió un juicio por su acto de maldad y absoluta desobediencia a Sus órdenes.

El Espejo Oscuro: El Reflejo De Satanás En La Creación

Meses después de presenciar el juicio por el intento de asesinato, Dios permitió que Satanás compartiera su perspectiva sobre nuestra existencia conmigo. La siguiente narración es el relato de Satanás, tal como lo concedió Dios, para que la verdad de ambas partes pueda ser conocida:

En esta visión, vi una vasta extensión de espacio, iluminada por una única luz blanca. Lo percibí como Dios en soledad, rodeado de la nada. Gradualmente, Dios creó a Satanás, una de Sus primeras creaciones, dotándole de una inteligencia notable, solo ligeramente inferior a la de Dios mismo. Después de esto, Dios inició la creación de los ángeles. Sin embargo, en los cielos surgió una disputa. Satanás se opuso a la práctica de Dios de crear una vida sin elección. Cuestionó la idoneidad de crear seres que carecían de la autonomía para elegir su existencia. Además, una vez creados, Dios, en Su amor, se abstenía de terminar con cualquier creación, incapaz de destruir lo que Él había traído a la existencia. Dios es un creador de vida, un artista.

Con el tiempo, la tensión creció en los cielos. Este desacuerdo perturbó a Dios, llevándolo a crear la oscuridad, un reino donde aquellos adversos a Su creación pudieran habitar. Esto introdujo un elemento de "elección" para los seres creados. Posteriormente, Satanás, junto con sus seguidores, se encontraron así mismos desterrados de los cielos, arrojados a este reino de oscuridad. Esta fue la primera creación de Dios.

Más tarde, Dios creó la Tierra. Esta creación difería significativamente de la primera. Una vez completada, Dios llamó a Satanás, diciendo: "Mira lo que he hecho, Satanás. Esto va a ser diferente. Vuelve y únete a mí". (Sentí una llamada sincera de Dios, invitando a este grupo de regreso de la oscuridad a Su amor.) Satanás ardía de furia y exigió saber por qué Dios seguía creando más vida. Dios suplicó sinceramente a Satanás, explicándole que esta creación era distinta y rogándole que se unicra a esta nueva empresa. Esta fue la segunda creación de Dios.

Satanás y sus seguidores, que fueron arrojados a la oscuridad, se propusieron destruir la segunda creación. Fue una batalla entre la primera creación y la segunda creación, un conflicto que continúa hasta el día de hoy. Al presenciar a Sus dos creaciones envueltas en tal conflicto, el corazón de Dios quedó destrozado. La situación le causó una inmensa angustia, ya que Su deseo siempre había sido que todos los seres vivieran en amor y paz. Ahora, se encuentra en el papel de árbitro entre las dos creaciones. Aunque renuente a causar daño a cualquier aspecto de Sus creaciones, entiende que las circunstancias requerirán una decisión.

Ese fue el final de la visión.

Lo que he compartido es lo que Satanás me reveló cuando Dios le permitió acceder a mí. En este punto, ya estás familiarizado con la identidad y el significado de Satanás. No proporcionaré ningún comentario sobre la autenticidad de su narrativa, ya que Dios me instruyó a relatar lo que presencié y dejar que Su pueblo discierna la verdad por sí mismo.

El Ultimátum: Las Llaves Del Reino O La Destrucción De La Creación

No lo creí cuando lo vi la primera vez, ni la segunda vez, ni la tercera vez, ni siquiera por cuarta vez. Sin embargo, para la quinta y sexta vez, me di cuenta de que podría ser verdad. Satanás ha dicho muchas veces: "Quiero ser destruido. Dios, ¿pondrás fin a mi existencia ahora? ¡Termina con esto!" Satanás está entrelazado en la creación, así que Dios no puede eliminarlo sin destruir la Tierra.

Desconfiaba del motivo, creyendo que podría ser una mentira para engañarme. Una y otra vez, he escuchado a Satanás decirle a Dios: "Destrúyeme". Él afirma que Dios no lo hará. La existencia de Satanás es miserable, y no quiere seguir existiendo. Presencié cómo Satanás presentaba la Tierra a Dios, declarando que la humanidad estaba más allá de la redención. En una de mis últimas interacciones presenciadas entre Dios y Satanás, Satanás dio un ultimátum.

En este encuentro reciente, Satanás declaró de forma audaz: "Por fin, se cumple la profecía final", mientras se paraba ante Dios. Siguió con una demanda impactante: "¡Estas personas no son redimibles! Dame las llaves del reino o destruye la creación".

Dios cree que Su pueblo todavía es redimible y nunca entregará las llaves del reino a Satanás. Sin embargo, Satanás llama persistentemente a la puerta. Ha contaminado la creación y siente que puede presionar a Dios debido a la influencia que ejerce. "Dame las llaves del reino o destruye la creación" fueron las últimas palabras que escuché de Satanás mientras amenazaba a Dios.

La plataforma dada a Satanás en este libro no es una que disfruté proporcionar. Fue difícil para mí escribir sobre la oscuridad que nos contamina a todos. A pesar de lo desafiante que fue relatar mis interacciones con Satanás, incluyendo sus intentos de matarme, estoy comprometido a compartir la verdad con todos los que la buscan dentro de estas páginas. Con la conclusión de este capítulo, ahora podemos pasar a una nueva fase de discusión, una que se centra en el Padre más increíble, amoroso y creativo (¿mencioné amoroso?) que jamás haya existido. Estoy emocionado de compartir contigo mis experiencias al caminar en el amor y la presencia de nuestro Padre, Dios, el Creador del Universo.

El Camino De La Revelación Hacia El Corazón De Dios

Antes de adentrarnos en las revelaciones de diferentes cosas que Dios ha dado a conocer, me gustaría compartir un par de historias breves sobre las maravillas de la mente humana. Esto ayudará a establecer el tono y la comprensión para las revelaciones que seguirán.

Después de haber guiado a alguien a través de una sesión, compartió una experiencia que parecía extraordinaria, lo que le hizo dudar en compartirla. Con un poco de aliento, comenzó a revelar su primer recuerdo. Describió estar en el útero de su madre cuando de repente todo se volvió rojo y sintió un sufrimiento intenso. Recordó haber preguntado: "¿Por qué no me quieres?, ¿por qué estás tratando de matarme?" Esta experiencia representó el rechazo definitivo de uno de sus padres. La madre de la persona había tomado pastillas en un intento de abortarla.

Durante las sesiones realizadas adecuadamente, las personas a menudo se adentran en las partes más profundas de su ser. Sin embargo, muchos de ellos luchan por compartir sus experiencias al finalizar, debido a la profunda sensibilidad que sienten. Uno de los miedos que tienen a compartir abiertamente es el temor al rechazo. Les preocupa ser percibidos como locos. Una dificultad particular que enfrentan las personas es confesar sus primeros recuerdos. ¿Por qué? Esto se debe a la edad en que sucedieron estos eventos de los que tienen memoria, recuerdos desde el útero e incluso recuerdos al nacer. El concepto de recordar eventos desde una edad tan temprana es incomprensible para

126

la mente consciente. Sin embargo, estos recuerdos están impresos en la mente humana debido a eventos traumáticos.

Inicialmente, incluso yo era cauteloso acerca de aceptar estos relatos de los primeros recuerdos. Sin embargo, estas historias continuaron surgiendo de personas independientes que no tenían conexión entre sí. Estas personas no se conocían, pero compartían experiencias notablemente similares. Una persona recordó haber experimentado el rechazo mientras estaba en el útero, evocando momentos de las peleas de sus padres y la comprensión de que su padre no los quería. El padre rechazó a la madre por estar embarazada de nuevo. ¡Esto había dirigido a esta persona al trauma del rechazo incluso antes de entrar al mundo! Quedó claro que tan pronto como se forma el cerebro, comienza a registrar información. Esta información permanece ahí hoy, incluso si no eres consciente de ello, lo que me lleva a la siguiente historia.

Esta mujer había experimentado alrededor de 8 sesiones, por lo que ya había trabajado una cantidad significativa. Fue una lucha para ella aceptar muchos de los recuerdos que surgieron, pero había persistido en llegar a este punto. Esta sesión, fue el momento de enfrentar un incidente que ocurrió cuando tenía 18 años, durante una fiesta. Incluso durante la sesión, los recuerdos eran borrosos debido a que la habían drogado y luego abusado de ella. Fue testigo de cómo toda la noche se desarrollaba ante sus ojos, aunque los recuerdos eran tenues. Esta mujer resistió lo que vio repetidamente hasta que finalmente recordó y aceptó que eso había sucedido. En primer lugar, esto ilustra un aspecto crucial del proceso de sanación: la aceptación. Debemos aceptar que algo nos ha sucedido antes de poder liberarlo. Si elegimos negar, negar, negar y enterrar la cabeza en la arena, el trauma permanece dentro de nosotros, envenenando lentamente nuestro bienestar.

Lo que distingue a esta historia es que el incidente ocurrió cuando ella tenía 18 años. Ella no tenía ningún recuerdo de ello. El dolor fue tan abrumador que incluso a esa edad, el recuerdo podía quedar bloqueado, inaccesible para la mente consciente. Esto ilustra cuán profundo pueden ocultarse dentro de nosotros las experiencias traumáticas. Ahora, considera la posibilidad de que de forma similar el trauma emocional o físico experimentado por un niño pequeño permanezca oculto en nuestra conciencia.

¿Cómo se relacionan estas historias con lo que leerás a continuación? Estas narrativas profundizan en la notable capacidad de la mente humana como almacén de experiencias. Destacan cómo la mente nos protege de heridas y traumas pasados, actuando como un escudo. Sin embargo, lo que cargamos de nuestro pasado moldea de forma significativa nuestro presente. Al igual que un prisma, distorsiona nuestra percepción de la situación actual. La lente a través de la cual las percibimos tiñe nuestras creencias y percepciones hoy, influenciadas por nuestras experiencias pasadas. Satanás utiliza esto para manipular una mentira en algo que aceptarás como verdad.

Ahora, exploremos el corazón de Dios en algunos de los temas más divisivos en nuestra sociedad contemporánea:

Aborto: Dios me reveló un día Su corazón sobre este asunto. Hay tanta ira y odio en ambos lados de este tema. La derecha afirma que defienden a los bebés, mientras que la izquierda sostiene la importancia de la elección. Sin embargo, todo esto es una mera distracción superficial de la realidad más profunda.

En medio de este conflicto, las madres jóvenes están sufriendo. Dios me aseguró que los bebés están a salvo. Todos están con Él. Sin embargo, Su preocupación radica en los corazones de las madres que se han sometido a abortos. Satanás llevó a estas madres a quitarle la vida a su propio hijo. Después de esto, Satanás intenta manipularlas con la oscuridad que ha creado. Esta oscuridad sobrecarga a estas madres, alejándolas aún más de Dios. Para aquellas cargadas de culpa, ¿cómo pueden enfrentarse a Dios? Y para aquellas que albergan suficiente odio como para enorgullecerse de sus acciones, ¿cómo pueden comprender verdaderamente el amor de Dios?

Para Dios, el problema no se trata solo de los niños; Él los protege. Su verdadera preocupación es el daño infligido al corazón. La batalla espiritual no es mucho más oscura que la influencia de las tinieblas necesaria para quitarle la vida a su propio hijo. La preocupación de Dios se extiende a los corazones de estas madres. Ellas son las que necesitan Su gracia y amor más que nadie. Dios las acepta tal como son. Ningún acto, ningún hecho, podría alejarlas jamás del amor y la salvación de Dios. Él desea que todos Sus hijos estén unidos con Él. Acepta a todos los que vienen a Él con un corazón abierto.

Homosexualidad: Este es otro ataque de Satanás que entristece profundamente el corazón de Dios. Generaciones son afectadas y desgarradas por esto. Dios nos creó por amor y estamos destinados a compartir ese amor. Nuestras conexiones con quienes nos rodean son vitales. La conexión más fuerte de todas es la que existe entre un padre y un hijo, un vínculo que trasciende lo físico. Este vínculo especial es una conexión espiritual, y Satanás busca destruirlo y romperlo.

Una de las estrategias de Satanás para romper el vínculo paterno involucra la homosexualidad. Un demonio específico tiene asignada la tarea de promover la homosexualidad. Su objetivo es influir en las personas llevándolas hacía conexiones con personas del mismo sexo. Esto a menudo comienza con los padres, donde ocurre algún tipo de abuso, negligencia o rechazo. Como consecuencia de este dolor, puede desarrollarse odio hacia el padre o la madre. Por ejemplo, un hijo puede albergar un resentimiento tan intenso hacia su madre que le resulta difícil formar relaciones saludables con las mujeres. De manera similar, una persona del mismo sexo podría entrar en escena, ofreciendo consuelo en medio de su sufrimiento compartido. Estos eventos pueden ocurrir a una edad temprana o más allá de la conciencia del individuo.

El objetivo de Satanás es cortar los lazos generacionales de la familia para el futuro. Su ataque no solo se dirige al individuo, sino que también se extiende a los bisabuelos, abuelos y padres de quienes son afectados. Considera un escenario en el que, de solo estas tres generaciones, que suman doce individuos, el 50% ha abrazado a Dios y está pasando la eternidad en el cielo. Sin embargo, el resultado desafortunado es que esos seis individuos que ya están con Dios no tendrán más descendientes para dar la bienvenida al cielo. El linaje familiar ha sido interrumpido y cortado eternamente por la influencia de Satanás.

Dios ama a aquellos que están enfrentando los ataques de Satanás sin titubear. Pero hay una elección importante que todos debemos tomar. Se trata de elegir a Dios o a Satanás, y esta elección se vuelve definitiva cuando damos nuestro último aliento. No sabemos exactamente cuándo será, pero es una garantía que sucederá. Al igual que con cualquier pecado, no podemos afirmar que caminamos en la luz mientras vivimos en la oscuridad.

1 Juan 1:5-6: *"Este es el mensaje que hemos oído de* él *y que anunciamos: Dios es luz, y en* él *no hay ninguna oscuridad. Si afirmamos tener comunión con* él, *pero vivimos en la oscuridad, mentimos y no ponemos en práctica la verdad."*

Eligiendo A Dios

Todos hemos elegido a personas para estar con nosotros, ya sea un cónyuge, una pareja significativa o un amigo. ¿Cuántos siguen siendo mejores amigos de la persona que conocieron a los 8 años?, ¿cuántos no conservan ningún amigo de hace 10 años? Las relaciones requieren energía y esfuerzo para mantener la conexión. ¿Divorcio?, ¿ruptura?, ¿no eres tan unido a tu mejor amigo como solías serlo?, ¿qué llevó a estos cambios?, ¿qué fuerzas los alejaron?

Durante mi crianza, la creencia de 'Una vez salvo, siempre salvo' fue un tema recurrente en varias iglesias. ¿Recuerdas esos constantes ataques espirituales que mencioné anteriormente en el libro, donde repetidamente elegía a Dios? A menudo, eso me llevaba a la frustración, y no podía evitar gritar: "¿Por qué, Dios?, ¿por qué tengo que seguir tomando esta decisión cuando ya me he comprometido contigo?" La respuesta a esta pregunta desconcertante no se hizo clara para mí hasta mucho después, y lamentablemente, se reveló a través de experiencias con amigos cercanos.

Algunos de mis amigos habían aceptado recientemente a Dios en sus vidas. Rebosantes de alegría y amor recién encontrado, sus vidas se volvieron más brillantes. Siempre estaban ansiosos por compartir los nuevos acontecimientos que estaban experimentando. Sin embargo, como nuevos creyentes, los cimientos de su fe aún estaban tomando forma. Satanás, implacable y competitivo, no podía soportar perder a nadie ante Dios. Los ataques comenzaron de inmediato, a menudo a través de sus parejas. Si estaban solteros, aparecería alguien nuevo, aparentemente perfecto pero no alineado con Dios. La intensa atracción que se formaba entre ellos estaba coordinada por demonios, un tema que ya hemos discutido antes.

Pronto, la felicidad se convirtió en un apego a través de estas relaciones, eclipsando la importancia de acercarse más a Dios o asistir a la iglesia para fortalecer su fe con otros. En cambio, sus parejas sugerían conectar con Dios a través de la naturaleza o algún otro esfuerzo, un desvío tan ligero con graves consecuencias. Este era solo uno de los métodos de Satanás para alejar a las personas de Dios. Empleó diversas estrategias para atacar a las personas una por una.

Después de soportar innumerables ataques y clamar repetidamente a Dios, finalmente comprendí la verdad: **Elegir a Dios es una decisión continua y constante**. Al igual que necesitamos invertir energía en nuestras relaciones diarias aquí en la Tierra para mantener una conexión sólida con nuestros seres queridos, debemos hacer lo mismo con nuestra relación con Dios. Santiago 4:8 dice: *"Acérquense a Dios, y* él *se acercará a ustedes"*. 1 Crónicas 22:19 también enfatiza la importancia de elegir a Dios continuamente: *"Ahora busquen al Señor su Dios de todo corazón y con toda su alma"*.

Si la verdad fuera 'una vez salvo, siempre serás salvo', ¿entonces por qué Satanás lanzaría ataques para alejar a los salvos de Dios? Sería similar a un corredor de base en el béisbol que llega de manera segura a la base y luego se dirige tranquilamente a la banca para tomar asiento. ¿Por qué el equipo contrario se apresuraría a la banca para tratar de tocarlo si el árbitro ya lo declaró a salvo?

La estrategia de Satanás implica alejar a las personas de Dios, pero el engaño surge de la creencia de que están eternamente salvadas solo porque aceptaron a Dios una vez. Lamentablemente, esta idea errónea también ha infiltrado algunas iglesias. Al igual que cualquier relación, debes nutrirla; de lo contrario, inevitablemente se desvanecerá en la oscuridad.

Mateo 7:21 dice: *"No todo el que me dice: 'Señor, Señor', entrará en el reino de los cielos, sino solo el que hace la voluntad de mi Padre que está en el cielo".*

Dios me transmitió: *"Mi pueblo debe elegirme cada segundo, de cada minuto, de cada hora, de cada día, de cada semana, de cada mes, de cada año, de cada década, hasta que vuelvan a casa conmigo".* De lo contrario, Satanás encontrará una manera de volver a entrar y separarte de Dios. Nada le da más alegría a Satanás que robar a los hijos de Dios. ¿Cómo estás nutriendo tu relación con Dios? ¿En oración? ¿Buscando su voluntad para tu vida? Elíjelo siempre y para siempre, elije a Dios.

Las Lágrimas De Un Creador Amoroso

Meses después del ataque que casi me costó la vida, guardé rencor contra Dios. Claro, Él me salvó de la lluvia de balas que atravesó el vehículo, pero ¿alguna vez consideró las secuelas de vivir con trastorno de estrés postraumático? Salir de la seguridad de mi casa se convirtió en una lucha mientras lidiaba con sentimientos de inseguridad en cualquier lugar que visitaba. La alegría que alguna vez estuvo presente en mi vida desapareció, reemplazada por un estado persistente de hipervigilancia. Incluso mis caminatas nocturnas con Dios, momentos de conversación íntima y aprendizaje sobre Su creación, parecían un recuerdo lejano. La oscuridad de la noche se había convertido en una amenaza, ya que temía la inseguridad de estar en espacios públicos.

De una manera retorcida, parecía una situación de ganar- ganar para Satanás. No le quitó su hijo a Dios, pero le cortó las alas. Estas son las cicatrices naturales grabadas en la psique humana por el toque del trauma. Aunque mi sanación fue notablemente rápida, tomó meses arrancar las consecuencias profundamente arraigadas de mi mente.

Unos tres meses después, ahogándome en un mar de autocompasión porque nada parecía devolverme mi sentido de normalidad, confronté a Dios en privado con una pregunta: "¿Por qué no me protegiste de ese ataque?, ¿no podrías haberlo evitado?" Después de meses de culparlo, la paciencia de Dios alcanzó su límite.

La voz de Dios fue clara y, en ese momento, me dijo: "Yo *no soy responsable del ataque. Satanás te eligió como blanco. Él es el* único *que debe llevar la culpa. No hay rastro de maldad en mí; me niego a cargar con esa responsabilidad por más tiempo".* Sus palabras me golpearon como una sacudida. ¡Me quedé atónito! "Pero, pero, pero, tú eres Dios. La responsabilidad recae sobre ti", balbuceé, mi voz apenas perceptible, con un toque de vergüenza. Fue más un pensamiento audible que una declaración de hechos. Él respondió:

"Estoy cansado de que me culpen por el mal que ocurre en esta tierra. Esto es lo que la gente ha elegido. Nunca fue mi intención tener un mundo con Satanás en él. Nunca fue el diseño original ver a mi pueblo sufrir de esta manera. Yo no soy responsable del mal y el sufrimiento en esta tierra. Solo Satanás lo es".

Las palabras de Dios son más que solo palabras; llevan el peso de Sus emociones en ellas. No hay confusión; se puede sentir la presencia y la emoción en Sus palabras. Su tristeza por ser culpado de los males del mundo es innegable. Me dolió presenciar el peso que Dios carga para sostener la creación.

Satanás ha convencido al mundo de que Dios es el culpable de todos los males. De hecho, el mundo se ha vuelto contra Dios debido a la influencia engañosa de Satanás en las mentes de las personas. "¡Mira esa guerra!" susurra Satanás. "¿Qué clase de Dios permitiría eso? ¡Y mira esa violencia! Si Él realmente existe, es insensible", continúan los susurros, creando lentamente un resentimiento en el corazón de los hombres. Poco a poco, generación tras generación, estos susurros alejan a las personas de un Padre amoroso debido a las mentiras y el engaño que Satanás difunde entre la creación de Dios.

Dios: Regresando A Nuestra Fuente

El Dios que conoces no es Dios. "Bueno, es imposible que puedas saber esto", podrías estar pensando. Sí, puedo, porque yo también conocí a Dios en la carne, pero ahora lo he conocido en el espíritu. El Dios que conocí, el que entró en el niño de cinco años y lo protegió, es un Dios amoroso. Todos conocemos al Dios salvador, el Dios lleno de amor, gracia y misericordia; el Dios que salva del pecado. Uno de los himnos más famosos de todos los tiempos es "Sublime gracia".

Sublime gracia del señor
Que a un infeliz salvó.
Fui ciego, más hoy veo yo
Perdido y Él me halló.

¿Qué hay de algunas de las canciones cristianas contemporáneas que hemos escuchado? Aquí tienes una canción muy conocida de Casting Crowns llamada '¿Quién soy yo?':

¿Quién soy yo?
Que el señor de la creación
Desee saber quién soy
Se interese en mi dolor

¿Quién soy yo?
Que la estrella de la mañana
Desee iluminar
Mi aventurero corazón

No por quien soy yo,
Si no por lo que haces tú.
No por lo que hago yo,
Sino por quien eres tú.
Cuan flor que se desvanece,
Que hoy está y mañana no.
Un susurro en el viento...

Otra canción inmensamente popular del maravilloso grupo Hillsong Worship: 'Quién Dices Que Soy':

Quién soy yo para que el gran Rey
Me acepte así
Me encontró en mi perdición
Su amor por mí
Oh su amor por mí

Libre soy en Él
Libre en verdad
Soy hijo de Dios
Sí lo soy

Libre soy, Él me rescató
Su gracia en mí
Aun siendo yo pecador
Él murió por mí
Él murió por mí

Todas estas son grandes canciones que representan la relación de la humanidad con Dios. Un Salvador, un Rescatador y un Protector para aquellos de nosotros que lo hemos aceptado en nuestras vidas y buscamos Su guía. Así es como percibimos a Dios, pero esa no es la imagen completa de quién es Dios en realidad.

Debido a la influencia de Satanás en la carne, él puede contaminar la forma en que percibimos a Dios. Mi visión personal era la de un Dios amoroso que rescata a las personas, pero es un juez feroz. Veía a Dios sentado en el cielo, mirando la Tierra, juzgando cada movimiento y acción. La culpa me abrumaba cuando pecaba. Me reprendía por mis errores y me preocupaba que Dios me mirara con decepción.

Esta imagen de un Dios perfecto, crítico y autoritario, estaba constantemente presente en mí. Prevalecía la noción de que todo lo que sucede en la Tierra es la voluntad de Dios porque Él ejerce control y dominio sobre todo. ¿Por qué Dios permitiría que niños fueran asesinados en las escuelas? ¿Cómo puede un Dios bueno ser responsable de niños nacidos con defectos? ¿Qué clase de Dios permite que personas inocentes sean víctimas de crímenes violentos? Si Dios tiene el control, ¿por qué suceden cosas tan malas?

De esta manera, Satanás empaña nuestra percepción de Dios desde adentro. Para muchos, esta distorsión se vuelve tan profunda que rechazan rotundamente a Dios debido al sufrimiento que han soportado. Algunos incluso niegan la existencia de Dios por completo. Después de todo, ¿quién abrazaría voluntariamente a una deidad que permite que persistan males tan terribles? En última instancia, Satanás tiene éxito en convencer a la mayoría de las personas de atribuir el sufrimiento que soportamos a Dios.

Incluso para aquellos que han abrazado a Dios como su Padre amoroso, esta contaminación altera la forma en que podemos percibir a Dios. Aquellos que aceptan a Dios lo ven a través de un lente de distorsión influenciado por Satanás. ¿Por qué? Porque somos humanos, y dos fuerzas espirituales están constantemente trabajando dentro de nosotros. Independientemente de si lo percibes y eres consciente de ello, la batalla en curso está siendo librada por ambas partes. Solo cuando partamos de esta tierra, seremos liberados de la influencia de Satanás y finalmente podremos ver a Dios en su verdadera esencia. Él es la existencia más grande y magnífica que he encontrado en mi vida solitaria. A continuación, compartiré mis encuentros personales con nuestro amoroso Padre.

La Revelación:
Mi Primer Encuentro Con Dios

En este punto de mi profundo viaje de sanación, Dios ya había sanado todo mi dolor y estaba adquiriendo gradualmente una comprensión más profunda del espíritu. En una ocasión, el Espíritu Santo me habló como si fuera una persona parada justo a mi lado. "Dios quiere revelarse a ti. Quiere que comprendas que esto cambiará tu perspectiva de Él para siempre. Quienquiera que vea a Dios cambia para siempre. Considerando las profundas implicaciones de lo que está a punto de suceder, ¿consientes que Dios se revele a ti?" ¡¿Qué?! ¿Una oportunidad de ver más a Dios?, ¿de conocerlo más íntimamente? ¡Absolutamente!

Estaba lleno de ansiosa expectativa. Sentí que algo enorme se me estaba revelando. Esperaba ser abrazado por un amor que estaba más allá de mi comprensión, acompañado de hermosas sensaciones y sentimientos de felicidad. Sin embargo, lo que empecé a sentir y ver no se parecía en nada a eso. La revelación que se desplegó ante mí estaba lejos de todo lo que había imaginado. De hecho, contradecía quién yo pensaba que era Dios. Me dejó completamente humilde y sin palabras.

Sentí una intensa vulnerabilidad proveniente de Dios. Un sentido de pureza intocado por ninguna mancha. Una sensibilidad como nunca antes había conocido. Compararla con la inocencia y vulnerabilidad de un niño pequeño ni siquiera podía comenzar a captar su profundidad; era como si esa inocencia se multiplicara por mil. De repente, entendí la naturaleza de mi corazón sensible. Entendí por qué las palabras duras y los gritos me herían tan profundamente. Tenía el corazón de mi Padre.

La dulce, pura, inocente y desnuda vulnerabilidad de Dios estaba ante mí, y percibí su timidez al exponerme todo esto. Era como si temiera mi posible rechazo una vez que yo viera quién es Él. Este nivel de vulnerabilidad, que nunca antes había sentido en mi vida, me dejó sin palabras. Empecé a llorar al ver esta revelación de quién es Dios.

El encuentro me cambió para siempre. Durante días después, me moví como un zombi, profundamente impactado por la revelación de quién es Dios en realidad. Asimilar lo que había presenciado y sentido fue un desafío más allá de las palabras. Poco a poco, empecé a comprender que todos somos semejantes a nuestro Padre. Él no es solo un gobernante poderoso, juez y Salvador. Él es mucho más. Mis palabras ni siquiera pueden comenzar a capturar su esencia. De hecho, tienen el efecto contrario; estas palabras le roban la verdadera naturaleza de quién es nuestro Creador.

Esta sería solo la primera de muchas revelaciones sobre quién es realmente nuestro Padre, cada revelación fue una experiencia única y poderosa que me dejaría sin palabras cada vez. Acompáñame mientras continuamos explorando a nuestro Dios y Padre en el próximo capítulo.

La Risa Inesperada De Dios:
Viendo Su Sentido Del Humor

Durante uno de mis paseos nocturnos, Dios me estaba enseñando sobre la creación. Le pregunté sobre la posibilidad de tener una esposa, y la respuesta de Dios fue: *"No te enviaré una ahora; tengo trabajo para ti. ¡Ah, y no esperes que Satanás te envíe a nadie tampoco! Jajaja"*. Encontré esto bastante divertido, ya que al instante comprendí que cualquiera que se acercara a mí tendría sus demonios expuestos. ¡De ninguna manera Satanás quería eso! Inicialmente, lo descarté como mi ego riéndose de la idea, ya que un Dios todopoderoso seguramente no podría tener sentido del humor, ¿verdad? Poco sabía yo lo que estaba a punto de suceder.

Corto tiempo después, mientras me preparaba para una sesión, sentí la necesidad de invitar a un amigo para que me ayudara con una pistola de masaje durante la sesión. Antes de esto, habíamos descubierto que las vibraciones de la pistola ayudaban significativamente a las liberaciones somáticas. Esto contribuía a dispersar eficazmente la oscuridad atrapada (energía) en el cuerpo. Tenía la sensación de que algo importante se acercaba y que las vibraciones serían fundamentales para facilitar la liberación.

Esta sesión implicó la eliminación continua de demonios. Mientras estaba en medio de ella, sentí un inmenso miedo proveniente de los demonios, ya que temían la perspectiva de que Dios usara la pistola de masaje contra ellos. Temblaban ante la idea de que llamara a mi amigo para ayudar. Había un temor constante con la pregunta, "¿Cuándo vendrá la pistola?, ¿cuándo vendrá la pistola?"

Y entonces, en una extraordinaria muestra de Su naturaleza increíble, amorosa y profundamente humorística, sentí la presencia de Dios envolviéndome, Su poder inundándome. Lo que siguió fue una risa pura y divina que ni siquiera sabía que existía. La risa de Dios estalló, resonando con alegría y dirigida a los demonios temblorosos que temían la pistola de masaje.

Su risa resultó contagiosa, y mi amigo en la sala de estar, pronto se encontró riendo incontrolablemente al escucharla. *"¡Son tan tontos!"* exclamó Dios. *"¿Qué creían? ¿Que Dios no podía eliminar demonios antes de la invención de la pistola de masaje? Jajaja."* Con buen humor, continuó: *"Disculpa, pero no puedo ayudarte en este momento. Estamos en 1890 y necesitaré otros 100 años antes de poder liberarte de estos demonios. Jajaja."* Sus bromas juguetonas continuaron resonando.

La risa de Dios y sus comentarios divertidos continuaron. *"¡Dios, el expulsador de demonios desde 1990! Jajaja, ¿qué creen?"*, se rio, "¿Necesito una pistola de masaje para deshacerme de ellos?" Su risa divina y pura continuó durante quizás 15 minutos. Las lágrimas corrían por mi rostro mientras los momentos se desarrollaban. Cuando un demonio emergía para ser removido, Dios se unía con un comentario alegre, "Espera... dame un momento... estoy buscando mi pistola de masaje... ahora, ¿dónde la puse? Jajaja." Después de compartir una buena risa a expensas de los demonios, los eliminaba rápidamente. En medio de su risa, me dijo: "Hijo, a veces solo tienes que encontrar la risa en las cosas pequeñas, incluso si nadie más lo comprende". Tal vez fue solo un momento especial compartido entre nosotros que nadie comprenderá, pero fue muy especial ver a nuestro Padre de esa manera. ¡Nunca en mi vida pensé que el Creador del universo tuviera un sentido del humor así!

Nuestro Padre nos entiende mucho más de lo que sabemos. Cuando me sentía herido por otros, eso era un rasgo de nuestro Padre. Cuando reía, eso era un rasgo de nuestro Padre. Cuando sentía enojo por las injusticias, eso era un rasgo de nuestro Padre. Cuando les mostraba amor a los demás, eso era un rasgo de nuestro Padre. Cuando mostraba paciencia, eso era un rasgo de nuestro Padre. Cuando mostraba misericordia, eso era un rasgo de nuestro Padre. Cuando creaba algo, eso era un rasgo de nuestro Padre. En los días que siguieron a estos eventos, después de décadas en esta tierra, finalmente entendí el significado de Génesis 1:27: *"Así que Dios creó a los seres humanos a su propia imagen. A imagen de Dios los creó..."*

Abrazando El Espíritu: Revelando La Verdad De Dios

-Juan 4:24, *"Dios es espíritu, y quienes lo adoran deben hacerlo en espíritu y en verdad".*

-1 Corintios 2:14, *"El que no tiene el Espíritu no acepta lo que procede del Espíritu de Dios, pues para él es locura. No puede entenderlo, porque hay que discernirlo espiritualmente".*

-Efesios 1:17, *"Pido que el Dios de nuestro Señor Jesucristo, el Padre glorioso, les dé el Espíritu de sabiduría y de revelación, para que lo conozcan mejor".*

-1 Corintios 6:17, *"Pero el que se une al Señor, se hace uno con él en espíritu".*

Entendemos que Dios ya no podía caminar en la Tierra con nosotros una vez que Satanás fue invitado a entrar. Este evento fue profundamente doloroso para Él, ya que su anhelo de estar con Su creación perdura hasta el día de hoy. Lo que está sucediendo a Su pueblo pesa mucho en Su corazón. Él me ha transmitido con énfasis inquebrantable *"Nada importa más que los corazones de mi pueblo".* Por encima de todas las demás preocupaciones, Su máxima prioridad es llegar al corazón de cada individuo en este planeta, ofreciéndole la oportunidad de elegir. Cada persona en esta Tierra se enfrentará a esta elección en su vida. Dios me ha asegurado que ningún individuo abandonará esta existencia terrenal sin la oportunidad de elegir a Dios por encima de todo lo demás. Tienen la libertad de elegir, pero Él se asegura de que tengan esta opción.

Solo podemos encontrar a Dios en el ámbito del espíritu. Su naturaleza divina le impide habitar directamente en la Tierra. Esta revelación se produjo cuando Dios se acercó a mí en una ocasión. En medio de un coro de voces que exclamaban: "¡No, Dios! ¡No lo hagas! ¡Vuelve, Dios!" También le dije urgentemente: "No, Dios, debes proteger tu divinidad". El concepto de la divinidad de Dios rara vez cruzaba por mi mente, pero ese día, se me reveló.

La presencia de Satanás dentro de la creación actúa como una contaminación, un cáncer que corroe todo lo que toca. Al entrar Satanás en la creación, obligó a Dios a partir. Un ejército protege la pureza de Dios, Su divinidad. Su única misión es proteger Su divinidad de Satanás. Se me mostró que si Satanás llegara a alcanzar a Dios, mancharía Su pureza, lo que conduciría a la aniquilación de toda la creación, tanto terrenal como celestial. La existencia de Dios dejaría de ser.

El objetivo implacable de Satanás, su propósito mismo, es llegar a Dios. Aspira a desplazarlo de Su trono y tomar el control del reino. Es por eso que destruye implacablemente la creación. Su intención es atraer a Dios a la creación, dentro de su alcance, y profanar Su divinidad. Un par de semanas después de esta revelación, sentí la necesidad de leer el Libro del Apocalipsis, un texto bíblico que no había explorado en más de tres décadas, descartándolo por ser demasiado complejo para descifrarlo. Dentro de sus páginas, encontré un pasaje que resonó profundamente con la revelación que me había sido dada.

Apocalipsis 12:7-9 y el versículo 12 dicen: *"Entonces hubo guerra en el cielo. Miguel y sus ángeles lucharon contra el dragón y sus ángeles. El dragón perdió la batalla, y él y sus ángeles fueron expulsados del cielo. Este gran dragón, la serpiente antigua llamada diablo o Satanás, el que engaña al mundo entero, fue lanzado a la tierra junto con todos sus ángeles.*

Por lo tanto, ¡alégrense, oh cielos! ¡Y alégrense, ustedes los que viven en los cielos! Pero el terror vendrá sobre la tierra y el mar, pues el diablo ha descendido a ustedes con gran furia, porque sabe que le queda poco tiempo".

Este pasaje confirma lo que Dios me reveló: el propósito de Satanás es llegar a Él. También entendí por qué aquellos que viven en los cielos deberían alegrarse. Si Satanás pudiera alcanzar a Dios, significaría la destrucción de toda la creación, incluido el cielo. Esta comprensión estaba en línea con lo que vi cuando Satanás le exigió a Dios: "Dame las llaves del reino".

Es evidente en el libro del Apocalipsis que Satanás planea lanzar un ataque para apoderarse del control de toda la creación de Dios. Esto prepara el escenario para nuestra exploración de un mensaje de esperanza de Dios en el próximo capítulo.

Fe Y Esperanza:
Un Mensaje Para Su Pueblo

La mente humana es limitada, diseñada para protegernos en esta tierra y resguardarnos del conocimiento completo de la guerra espiritual que se libra dentro de nosotros cada día. De hecho, cuanto más se acepta el mal en una sociedad, menor se vuelve la conciencia de su gente. Dios se ve obligado a reducir la conciencia de Sus hijos en dicha sociedad porque si llegaran a ver la verdad del mal que los rodea, podría ser devastador. Su voluntad de vivir se vería significativamente disminuida. La felicidad sería inexistente entre ellos. La única forma de encontrar la felicidad en medio del mal es permanecer en gran parte inconsciente de su presencia.

Por eso, las sociedades en países del tercer mundo, donde el mal ha sido aceptado en mayor medida, son más peligrosas pero también poseen un nivel de conciencia general notablemente inferior. Hay evidencia en el mundo real sobre esto en las puntuaciones generales de IQ tomadas en diferentes países. Se podría correlacionar las puntuaciones de IQ con la tasa de criminalidad de ese país para observar la relación. No estoy aquí para juzgar, solo para presentar la verdad de lo que es. Aceptar esta verdad es extremadamente desafiante para algunos; no obstante, es la verdad.

Vivimos toda nuestra vida rodeados de la eternidad, pero la mayoría ni siquiera es consciente de ello. Una noche, mientras estaba sentado en mi sofá, Dios comenzó a enseñarme. Dirigió mi mirada al cielo nocturno y susurró: "Eso es la eternidad". Mirando hacia arriba a las estrellas que iluminaban el cielo nocturno, mis ojos se abrieron y me quedé sin palabras. Toda mi vida, viví dentro del abrazo de la eternidad, una existencia infinita, pero me costaba comprender su concepto.

Dios ha creado un lugar eterno para aquellos que lo eligen. Un lugar libre de oscuridad y muerte. Un lugar sin tiempo, sufrimiento y las pruebas de esta vida. Un lugar construido a partir del amor, donde tu riqueza es tu corazón, no tu cuenta bancaria. Un lugar donde estarás en la presencia del amor puro y divino de Dios por la eternidad.

Juan 14:2-3, *"En el hogar de mi Padre hay muchas viviendas. Si no fuera así, ¿les habría dicho yo a ustedes que voy a prepararles un lugar allí? Y si me voy y se lo preparo, vendré para llevármelos conmigo. Así ustedes estarán donde yo esté."*

2 Corintios 5:1, *"De hecho, sabemos que, si esta tienda de campaña en que vivimos se deshace, tenemos de Dios un edificio, una casa eterna en el cielo, no construida por manos humanas."*

1 Pedro 1:3-4, *"¡Bendito sea Dios, Padre de nuestro Señor Jesucristo! Por su gran misericordia, nos ha hecho nacer de nuevo mediante la resurrección de Jesucristo de entre los muertos, para que tengamos una esperanza viva y recibamos una herencia que no se puede destruir, contaminar o marchitar. Tal herencia está reservada en el cielo para ustedes."*

La fe que tenemos en Dios y la esperanza de un futuro libre del sufrimiento de este mundo son mensajes importantes de Dios que debemos proteger en nuestros corazones, si elegimos hacerlo.

Dos Caminos: Solo Elige

"Todo lo que mi pueblo tiene que hacer es elegir". Este es el simple deseo de Dios. Él nos ruega que hagamos una elección, y Su impaciencia crece con aquellos que no lo hacen. La frustración es evidente en el corazón de Dios hacia aquellos que no eligen. La decisión de las personas de no elegir y vivir una vida de 70, 80 o más de 90 años coloca a Dios en una posición desafiante. Las consecuencias de aquellos que no eligen obligan a aquellos que han elegido a Dios a soportar un sufrimiento más prolongado. Hay muchos factores en esta decisión que Dios ha revelado durante nuestro tiempo juntos.

El aspecto más desafiante implica a los hijos, hijas, nietos y nietas de las personas en el cielo. Imploran a Dios que extienda la línea de tiempo de la creación para que su descendencia tenga más tiempo para elegir el camino que conduce a Dios. Si Dios terminara la creación hoy, muchos en el cielo perderían a un hijo o una hija por la eternidad. El dolor de esa pérdida es increíblemente difícil de aceptar para Dios. Las generaciones mayores en el cielo tendrían familias enteras con ellas, dejando a la última generación sola con muy pocos hijos e hijas. Dios escucha las súplicas de aquellos que están con Él y les concede a sus hijos e hijas más tiempo para elegir.

Sin embargo, otorgarles tiempo para elegir plantea otro problema. Aquellos en la Tierra que han elegido a Dios continúan sufriendo en este mundo. Esto causa que Dios experimente una profunda angustia, al ver a Sus hijos soportar los ataques del enemigo por el bien de aquellos que aún no han elegido. Su amor es tan profundo que pospone constantemente el juicio por el bien de aquellos que

149

aún podrían elegir estar con Él. Consideren el ejemplo de adultos que deciden estar con Dios a los 50 años. Si Él hubiera juzgado la Tierra cuando tenían 35, su vida eterna habría sido atormentada en el infierno. Ahora, pueden estar con Dios en Su amor por toda la eternidad. Esta es la lucha incansable que Dios enfrenta en cada milisegundo de cada segundo, de cada minuto, de cada hora y de cada día.

No sabemos lo que Dios soporta para mantener unido el universo. Expresemos nuestra gratitud hacia Él. Ofrezcamos alabanzas y oraciones a Dios. Anímalo con palabras de apoyo. Al igual que nosotros, Él siente y experimenta emociones. Soporta la angustia y siente el peso de Su creación. Agradezcamos a Dios por Su verdadera naturaleza. Apreciémoslo por mantener con éxito la armonía del universo ante los constantes ataques. Muéstrale tu gratitud. Incluso si estás pasando por una fase difícil o sufriendo, recuerda que sería inimaginablemente peor sin la protección de Dios. Tómate un momento para expresar tu gratitud hacia Él hoy.

El Poder De La Oración:
La Conexión De Dios Con Nosotros

Fuimos creados para existir independientemente de la voluntad de Dios. Esta es la esencia del verdadero libre albedrío: un pueblo diseñado para ser autónomo de Dios. Piensa en un pintor de renombre y sus obras de arte. Cada una lleva una imagen única, pero todas tienen algo distintivo. Un pintor no puede crear una pintura sin dejar rastro de quién es. Todo pintor tiene un estilo o una historia característica incrustada en su obra.

Esta es la verdadera genialidad de la creación de Dios en nosotros. Cada individuo es diferente, pero independiente del Artista que nos creó. Cada uno de nosotros está diseñado para ser autónomo del Creador, una auténtica obra maestra de la creatividad. Entonces, ¿cómo se logró esto? Aparte del espíritu, se diseñó un mecanismo para funcionar independientemente de Dios: la mente. Fue creada para preservar el cuerpo de cada individuo al que está conectada, lo mejor que pueda.

¿Alguna vez te has preguntado acerca de los intrincados funcionamientos de la mente humana, cuestionándote sobre de los orígenes de sus pensamientos y las implicaciones espirituales y físicas más profundas que subyacen en nuestros procesos mentales? Si es así, no estás solo en tu búsqueda de comprensión. Muchos han emprendido un viaje similar, adentrándose en los ámbitos de la filosofía y la espiritualidad. Ahora, volvamos a la pregunta fundamental: ¿qué tiene que ver todo esto con el acto de la oración?

Si recuerdas, hablamos de cómo tanto Dios como Satanás tienen un lugar dentro de nosotros. ¿Puedes adivinar la parte en el cuerpo que Dios reserva para Él? Sí, el corazón. La presencia de Dios dentro de nosotros envuelve el órgano que bombea la vida al cuerpo. Muchas personas testifican que cuando aceptan a Dios, sienten una sensación cálida en el pecho, lo que confirma que algo significativo acaba de ocurrir. Eso es Dios envolviendo completamente el área alrededor del corazón. Ya no tiene que quedarse en la puerta; ha sido invitado a entrar.

Entonces, la mente es intrínsecamente auto-conservadora y se centra principalmente en sus propios intereses, tal como fue diseñada para ser. Por otro lado, el corazón es la fuente del amor y el altruismo. Es donde se originan las consideraciones por las necesidades y preocupaciones de los demás. Incluso si no has abrazado completamente a Dios, fuiste creado por Él y un fragmento de Su amor vive dentro de ti.

La oración sirve para alinear la mente con el corazón, sincronizando estos dos órganos vitales y creando una conexión dentro de nosotros. Esta alineación de la mente con el corazón permite que Dios obre en el mundo. Luego tiene acceso a la mente, que dirige el cuerpo. El amor de Dios puede guiar a la persona a tomar el curso de acción correcto en una situación determinada. Influir en la mente para mostrar bondad a alguien necesitado o bendecir a otro a través de sus acciones. La oración funciona como un canal abierto a través del cual la presencia de Dios puede fluir hacía el mundo, dando forma a nuestras acciones e interacciones con Su sabiduría y amor.

Ahora, considera esto: ¿Qué sucede si la mente es más fuerte que el corazón? En ese caso, tus oraciones podrían centrarse en pedir a Dios cosas que la mente fue creada para manejar, como protección personal, bendiciones financieras y salud. Buscando conectarse con Dios a través de medios egoístas. Pero, ¿qué pasa si el corazón es más fuerte que la mente? En este escenario, tus oraciones seguirán buscando estas mismas bendiciones, pero con un enfoque en los demás también. Pedirás las bendiciones de Dios no solo para ti, sino también para el bienestar de los demás. Es un cambio de un enfoque interno, que caracteriza la perspectiva de la mente, a un enfoque externo que representa la capacidad del corazón para el amor.

Juntos En Oración: Amplificando El Poder De Dios A Través De La Unidad

Mateo 18:19-20, *"Además les digo que, si dos de ustedes en la tierra se ponen de acuerdo sobre cualquier cosa que pidan, les será concedida por mi Padre que está en el cielo. Porque donde dos o tres se reúnen en mi nombre, allí estoy yo en medio de ellos."*

Cuando las personas se unen en oración, crean una poderosa conexión con Dios. Debido a la contaminación del pecado en el mundo, la presencia de Dios ha sido retirada de la creación. Su poder en esta tierra vive en cada uno de nosotros. Cada ser humano tiene una pequeña parte de Dios, nuestro Padre, habitando en su interior. Recuerda, la conexión espiritual existe dentro de nosotros, no flota en el aire circundante. Dios está conectado al corazón de cada ser humano nacido en este mundo.

Recientemente, experimenté fuertes liberaciones somáticas y decidí que sería mejor recostarme. Tosía incesantemente, como si estuviera sacando algo grande de mi cuerpo, y sentí un sabor a sangre. Mi mente trató de protegerme, instándome: 'Ya es suficiente'. Entonces, una voz dijo: '¿No crees que tu Creador sabe lo que puedes soportar?' En ese momento, una luz blanca pura brilló a mi lado izquierdo. Mis pulmones se llenaron a su máxima capacidad, y mi cuerpo se paralizó, como si estuviera en una escena de una película en la que le dan una descarga eléctrica a una persona para reiniciar su corazón. Lleno de terror, escondí mi rostro en la almohada y me acurruqué en la cama. Dios acababa de pasar por ahí. Con los ojos cerrados, podía sentir que todo mi lado izquierdo estaba bañado en una energía blanca pura, diferente a cualquier cosa que hubiera experimentado antes. El mero paso de Dios me había dejado 'quemado' con Su divinidad. El poder de Dios es absolutamente indescriptible, más allá de las palabras.

Estuve alarmado durante días después de que Dios pasara, y todavía siento una sensación de angustia de que pueda suceder de nuevo, hasta el punto de que incluso le he pedido una advertencia si lo hace, jaja. Comprendo plenamente que si hubiera estado en la presencia de Dios incluso un segundo más, habría significado la muerte instantánea para mí. Su poder es tan inmenso que no podemos soportar Su plena presencia. Entonces, considerando el poder abrumador de Dios ¿Por qué se necesita más poder a través de la unidad en la oración? Estos son conceptos complejos de comprender con la mente, pero haré mi mejor esfuerzo para explicarlos, orando para que la explicación prevista sea entendida.

Dado que la plena presencia de Dios no puede habitar en la Tierra, Él ha colocado pequeñas cantidades de Sí mismo en cada uno de nosotros. Aquellos que han abierto sus corazones y han aceptado a Dios tienen una presencia más fuerte de Su luz y amor dentro de ellos. Así es como Dios guía la dirección de la vida, a través de Su presencia en cada uno de nosotros. Entonces, cuando nos reunimos como grupo para orar y conectarnos unos con otros, la presencia de Dios en la Tierra es más fuerte a través de la conexión compartida en todos nosotros.

La Biblia enfatiza la importancia de la oración en nuestra vida diaria:

Efesios 6:18, *"Oren en el Espíritu en todo momento y en toda ocasión. Manténganse alerta y sean persistentes en sus oraciones por todos los creyentes en todas partes."*

Filipenses 4:6-7 *"No se preocupen por nada; en cambio, oren por todo. Díganle a Dios lo que necesitan y denle gracias por todo lo que él ha hecho. Así experimentarán la paz de Dios, que supera todo lo que podemos entender. La paz de Dios cuidará su corazón y su mente mientras vivan en Cristo Jesús."*

Santiago 5:16, *"Confiésense los pecados unos a otros y oren los unos por los otros para que sean sanados. La oración ferviente de una persona justa tiene mucho poder y da resultados maravillosos."*

A medida que los tiempos se vuelven más oscuros y la vida llega a ser más desafiante, se vuelve aún más crucial que las personas se unan en oración. Solo a través de esta conexión compartida, que permite que Dios fluya a través de nosotros con mayor poder, Él puede proteger a Su pueblo en las horas más oscuras. Esta unidad será absolutamente crítica para los tiempos que se avecinan en la creación. Únanse y oren. Recuerden estas palabras; son de su Padre.

A Los Hijos De Dios: Abracen El Camino De La Fe Y La Esperanza

*N**ota del autor: Estaba comenzando el capítulo con el título anterior cuando el espíritu de Dios vino sobre mí y comenzó a dictar un mensaje directamente para Su pueblo. Este es ese mensaje:*

"Yo soy un Dios de amor. No les hago daño. Hijos míos, escuchen mis palabras y atiendan mis advertencias. He permitido que esta creación continúe debido a mi amor por ustedes. Mi amor se extiende a las regiones más lejanas de esta tierra. No hay nadie a quien mi amor no pueda alcanzar. Sean fieles, ámense unos a otros y muestren al mundo mi amor a través de su bondad. Conozco el dolor que sufre este mundo. Veo los actos de Satanás bajo el sol. Nada está oculto para mí. Vivan en la fe de que los protegeré. Buscaré venganza por el mal hecho contra mis hijos que me han elegido. Ningún acto contra mi pueblo quedará sin juicio.

Soy un Dios que ve todo y conoce los corazones de todos mis hijos. No se dejen engañar por la guía de quienes los rodean. No se abran al engaño del enemigo. El padre de las tinieblas está en todo lo que les rodea. No lo dejen entrar. Sería mejor para ustedes perecer de inmediato en este mundo que caer víctimas de las mentiras y el engaño de Satanás.

Mi mensaje es un mensaje de esperanza para aquellos que escucharán mi voz. No busquen recompensas en esta vida. La única forma de obtener recompensas en esta vida es vivir en este mundo. Este mundo ha sido destruido por el príncipe de las tinieblas. Solo la oscuridad busca el éxito en este mundo que está perdido en sus deseos. Hijos míos, sigan mis palabras y obedezcan mis mandamientos. Este es el único camino para obtener la vida eterna. Nadie está exento de esto. Muchas personas se han perdido en esta vida pensando que eran santas o sabias en mis caminos. No sean necios, porque su mente no sabe nada de lo que esta vida les está ofreciendo.

He venido a advertirles. Se acerca un tiempo en el que esta tierra estallará y expulsará el mal que hay en su núcleo. Le he ordenado a la tierra que rechace su impulso de luchar contra la oscuridad. Permitirá que lo que está por venir venga. Se acerca un tiempo en el que la tierra no sentirá mi presencia en ella. Una oscuridad cubrirá la tierra y la engullirá. A mis creyentes, he enviado ángeles para protegerlos. Sentirán la presión de este mundo contra ustedes, pero los protegeré de la destrucción inminente.

Tengan esperanza, hijos míos. Esto es lo que los ayudará a superar los tiempos que se avecinan. Esperanza de que su Padre los rescatará. Esperanza de que esto se hace para brindar una vida mejor a aquellos que la elijan. Una esperanza para que sus hijos vengan a mí. No toleraré más los pecados de este mundo. La gente ha hecho sus elecciones, ahora soportarán los últimos días. Mantengan la cabeza en alto y su espíritu limpio. No caigan en el abismo que devora.

Mi mano los guiará. Síganme para evitar ser capturados por el enemigo. Pocos me conocerán en estos tiempos, pero muchos están esperando por ustedes en el cielo. Un lugar especial les está esperando aquí conmigo para aquellos que soporten lo que está por venir. Estas son mis palabras finales. Escuchen, aquellos que escucharán. Misericordia para aquellos que ignoran mis palabras y siguen a la bestia al abismo de la muerte. Únanse unos a otros en mi amor para que puedan soportar los últimos días".

Esta palabra me llegó mientras escribía el libro, "La Verdad Final". Está siendo escrito para las personas que escucharán. Estas palabras no pueden ser cambiadas, porque son las palabras de Dios que Él ha hablado a través de mí. Cualquiera que se atreva a manipular estas palabras finales de Dios destinadas a Su creación será considerado responsable por el Altísimo.

Reflexiones Finales: Caminando Con Dios

Mientras me embarcaba en la última sección de este libro, me di cuenta de que Dios tenía un mensaje final, una palabra de esperanza y advertencia destinada a Su pueblo. Esta revelación llegó inesperadamente, con una comprensión de que Sus palabras debían ser capturadas tal cual. Yo, un simple conducto para Sus palabras, me encontré humilde y asombrado por el peso de Su mensaje. No había lugar para mi interpretación, ningún espacio para adornos. Sus palabras, puras y profundas, se mantenían solas, para los corazones que escucharían.

Cuando inicialmente me senté a escribir lo que pensé que sería un breve post en Facebook, poco sabía que brotaría un torrente de palabras, un desbordamiento que desafiaba las expectativas. El último libro, un trabajo de cinco meses, abarcaba 21,000 palabras en su borrador preliminar. Sorprendentemente, las páginas de este nuevo esfuerzo han crecido a 33,000 palabras en el breve lapso de 14 días. Esto es la manifestación del poder del Espíritu, la encarnación de un mensaje escrito por Dios, un mensaje con el potencial de transformar vidas, si solo llega a oídos receptivos y corazones abiertos.

Considera esto: lo que comparto no es solo obra mía, sino un testimonio de la obra del amor de Dios por Su pueblo. Mientras lees estas líneas con tus ojos y luchas por comprenderlas con tu mente, recuerda que su verdadera comprensión reside en el espíritu. Mira más allá del simple texto y busca en tu corazón. Libérate de las limitaciones de la mente y permite que el Espíritu te lleve a los lugares donde la guía de Dios fluye libremente. Esfuérzate por sintonizarte con Su voz, para convertirte en un instrumento a través del cual Dios pueda llegar a otros.

Durante la quietud de tus momentos con Dios, sana el dolor que persiste en ti. A medida que sanes y liberes la oscuridad, la presencia de Dios puede transformarte de maneras que quizás nunca hayas imaginado posibles en esta vida. En estos tiempos, el mundo necesita individuos que estén profundamente conectados con Dios, aquellos que respondan a Su voz con corazones abiertos. A medida que tu relación con Dios crece, Su voz en ti se convierte en un radiante faro de luz. Una luz que atraviesa las sombras de las vidas de quienes te rodean con un amor y un esplendor sin precedentes.

Mientras pasabas las páginas, tenías una elección. Podías haber permitido que las palabras permanecieran en la superficie de tus pensamientos, o podías haberte sumergido profundamente, permitiéndoles que dieran vida a tu espíritu interior. Esas palabras eran más que simples escritos; eran verdades que quizás no habías reconocido o de las que no eras consciente previamente. Descubrir la verdad de Dios no se trata solo de entender; implica entregarse al espíritu y permitir que Dios te guíe.

A medida que concluye este capítulo, recuerda que tienes más que solo palabras. Posees una verdad fundamental que puede liberarte, aliviar las cargas de tu corazón y revelar un nuevo camino del que quizás aún no seas consciente. Deja que estas palabras te acompañen a medida que pasa el tiempo, sirviendo como un recordatorio constante de que nunca estás solo en tu viaje. Dios camina a tu lado, guiándote en el camino y esperando pacientemente tu aceptación.

A todos mis hermanos y hermanas que han caminado junto a mí hasta ahora, les extiendo mi más sincero agradecimiento. Gracias por buscar la verdad y recorrer este camino con una curiosidad inquebrantable. La verdad no siempre es fácil de aceptar, pero Dios la ha iluminado para que decidamos qué camino elegir. Recuerda, Dios está a tu lado, amándote y reconociéndote como Suyo.

Mantente firme y continúa avanzando hacia Dios y Su propósito para tu vida. Mantén la llama de la esperanza ardiendo en tu interior, para que estés listo al final de este viaje terrenal, preparado para el próximo capítulo que te espera en los cielos. Espero con entusiasmo el día en que nos reuniremos en adoración celestial, compartiendo en el amor que nos espera más allá del horizonte de este mundo.

Que las bendiciones de Dios te envuelvan, con abundante amor,

Sinceramente,

Justin.

Epílogo

Antes de comenzar este libro, Dios me condujo al 'Cinturón Bíblico' para garantizar mi seguridad contra los ataques de Satanás. Mientras servía en México, Dios me dijo que ya no podía asegurar mi protección allí debido a la influencia significativa de Satanás. El ataque que casi me deja muerto fue una señal de cómo Satanás puede lanzar ataques desde la oscuridad y Dios tiene que responder rápidamente a ellos. Dejar atrás los orfanatos y a mis amigos fue desgarrador, pero estoy comprometido a seguir la voluntad de Dios hasta el final. Al llegar aquí, de inmediato sentí un cambio en la atmósfera espiritual. La gente aquí irradia más luz y hay muchas iglesias a mí alrededor. Ha sido refrescante estar entre algunas de las personas más amigables que he encontrado en mucho tiempo.

Este libro es sin duda un milagro. Satanás ha intentado matarme en dos ocasiones en los últimos 11 meses, el intento más reciente ocurrió justo anoche. Durante un descanso mientras terminaba el segundo borrador, salí a caminar antes del atardecer como es mi costumbre. Atesoro mis paseos con Dios en el campo, donde mantenemos conversaciones significativas que me permiten liberar mi mente de las distracciones del mundo.

Tengo un camino preferido en el campo, libre del tráfico, donde hago mis caminatas. En promedio, solo me cruzo con dos o tres autos que pasan durante una caminata de una hora. La zona cuenta con colinas pintorescas por todas partes, y me sentí más seguro aquí, sabiendo que Dios me colocó en este lugar para mi protección. Empecé a creer que la vida podría volver a la 'normalidad' ahora que me había distanciado de la poderosa influencia de Satanás.

Estaba de regreso en la noche cuando noté unos faros que se acercaban desde atrás. Es un pequeño camino de campo, quizás de un carril y medio de ancho. Yo estaba caminando por en medio y me moví hacia la izquierda para estar en la acera del carril contrario. De repente, Dios me dijo que me moviera hacia el lado derecho del camino. Así que crucé de nuevo y me quedé a una distancia aproximada de un metro fuera de la carretera justo antes de que se acercara el vehículo.

A medida que se acercaba a mí, escuché un fuerte golpe y el chirrido del metal. Las chispas iluminaron el camino, y un camión pasó, con un remolque separado justo detrás, viajando a unas 35-40 mph. El remolque separado se desvió hacia la parte del sentido contrario de la carretera y bajó por la acera antes de estrellarse contra una zanja y volar por el aire, derramando su contenido por todas partes.

Estaba absolutamente conmocionado porque el remolque desconectado había bajado por la parte de la acera donde yo estaba caminando. En mi trayecto de regreso a casa, no pude evitar preguntarme: '¿Satanás acaba de intentar acabar conmigo de nuevo?' Cuando llegué a casa, sentí la presencia de Dios y supe que Él tenía un mensaje para mí.

"Hijo, lo siento mucho, mucho, mucho", dijo Dios. *"No hay accidentes en la creación. Los demonios cegaron al hombre ante el problema con su remolque para hacerte daño mientras estabas en ese tramo de la carretera".* Inmediatamente recordé la severa advertencia de Dios a Satanás de que ni siquiera un cabello de mi cabeza debía ser dañado, y Dios respondió a ese pensamiento. *"Juzgué a los demonios por sus acciones contra ti, pero a Satanás no le importa cuántos pierda para eliminarte de la creación. Él sabe que mi presencia en ti es una amenaza increíble y ha convencido a sus seguidores de morir, si es necesario, para eliminarte de la creación".*

Sentí una profunda tristeza en Dios porque Su presencia dentro de la creación provocaba estos ataques. Sin embargo, yo sabía que todo era con un propósito. Luego, pronunció palabras que me aplastaron y al mismo tiempo iluminaron las visiones que había estado experimentando. *"No sé cuánto tiempo más puedo protegerte de Satanás"*, admitió Dios, y mi corazón se hundió. Comprendí que planificaron meticulosamente estos ataques en la oscuridad, ocultos a la vista de Dios. Aunque Él sabía de este ataque y me había advertido, el violento ataque con disparos que ocurrió hace 11 meses ya estaba en marcha antes de que Él interviniera rápidamente para protegerme.

Esta carga pesa mucho en mí hoy, el día después del segundo ataque. Entiendo que este libro expone la oscuridad, y parece que Satanás hará cualquier cosa para silenciar la verdad sobre sus acciones dentro de la creación. En las 15 horas transcurridas desde este ataque contra mí, ha habido otros cuatro ataques contra mis amigos. Tengo una profunda sensación interior de que una vez que mi propósito de arrojar luz al mundo se cumpla, podría ser llamado a casa antes de lo que esperaba, no solo para protegerme a mí mismo, sino también a los seres queridos que me rodean.

La oscuridad está envolviendo la creación a un ritmo sin precedentes. Con las invenciones modernas, culturas e individuos previamente aislados están interactuando ahora. Internet facilita la rápida propagación del odio. Alguien que albergaba odio hace setenta años tenía pocos amigos y una influencia mínima porque las personas se distanciaban, aislando esa negatividad. Sin embargo, hoy en día, esa misma persona puede enviar mensajes y publicaciones, propagando el odio a millones en un instante. Esto sirve solo como un ejemplo. Ahora, imagina que el 50% de la población está interconectada a diario, difundiendo mentiras y engaños a nivel mundial. Es una pandemia de oscuridad que envuelve la creación.

Mantente enfocado en Dios, porque Él sabe que los tiempos se volverán aún más desafiantes para Sus hijos. Esta tribulación es necesaria para salvar a tantas personas como sea posible. Es similar a exprimir el jugo de una naranja. La presión será difícil para todos los involucrados, pero es el proceso esencial de separar lo bueno de lo malo, extrayendo el jugo de todo lo demás que no se alinea con la bondad de Dios.

Cualquier escritor sabe el valor de tener otro par de ojos que revisen su trabajo para asegurar la fluidez y gramática adecuada. Dios me había dado instrucciones explícitas de que ninguna otra persona podía tener acceso al texto escrito aquí. Yo, como autor, tuve que realizar la edición de desarrollo, edición de contenido, edición de copia, edición de línea, el diseño de portada y la corrección de pruebas de este libro para asegurar que su integridad no fuera comprometida.

Que Dios bendiga las vidas de las personas que abren sus corazones a Él. Después de presenciar el esplendor y la belleza del cielo, con millones y millones de personas adorando a Dios y sintiendo el abrumador amor que fluye libremente por todas partes, puedo asegurarte con todo mi corazón que la lucha, el esfuerzo y las pruebas de esta vida sin duda valdrán la pena por lo que Dios tiene reservado para ti.

1 Juan 2:15-17, *"No amen a este mundo ni las cosas que les ofrece, porque cuando aman al mundo, no tienen el amor del Padre en ustedes. Pues el mundo solo ofrece un intenso deseo por el placer físico, un deseo insaciable por todo lo que vemos y el orgullo de nuestros logros y posesiones. Nada de eso proviene del Padre, sino que viene del mundo; Y este mundo se acaba junto con todo lo que la gente tanto desea. Pero el que hace lo que a Dios le agrada vivirá para siempre".*

www.ingramcontent.com/pod-product-compliance
Lightning Source LLC
Chambersburg PA
CBHW051828040426
42447CB00006B/417